LES BÂTISSEURS DE L'IMPOSSIBLE :

Enquête sur les Mystères de l'Archéologie

AF589434

© [Le Petit Archéologue], 2025
Tous droits réservés.

Aucune partie de ce livre ne peut être reproduite, stockée dans un système de récupération ou transmise sous quelque forme que ce soit, par quelque moyen que ce soit — électronique, mécanique, photocopie, enregistrement ou autre — sans l'autorisation écrite préalable de l'auteur.
Ce livre est une œuvre de non-fiction. Toute ressemblance avec des personnes réelles est fortuite.

ISBN : 979-10-976746-0-1
Titre original : Les Bâtisseurs de l'Impossible

Première publication : 2025
Édité et publié via Kindle Direct Publishing (Amazon)

Table des matières

Partie I : Genèse de l'Archéologie : Entre Héritages et Remises en Question....6

Chapitre 1 : Les Origines de l'Archéologie : Entre Passion, Pouvoir et Construction du Savoir 7

Chapitre 2 : Les Limites de l'Archéologie Conventionnelle 13

Chapitre 3 : Göbekli Tepe, la Découverte Qui Réécrit l'Histoire 16

Partie II : Vestiges d'un Passé Oublié : Les Défis de l'Archéologie 22

Chapitre 4 : L'Île de Pâques : La Terre Silencieuse des Géants 23

Chapitre 5 : Le Mystère du Plateau de Gizeh : Le Sphinx, Gardien d'un Passé Oublié.....32

Chapitre 6 : Les Pyramides d'Égypte : Un Héritage énigmatique.....46

Partie III : Khéops : L'Enigme Monumentale 55

Chapitre 7 : La Pyramide de Khéops : Une Histoire Officielle Remise en Question 56

Chapitre 8 : La Théorie de la Serrure Hydraulique.....70

Chapitre 9 : Une Centrale Énergétique Antique ? 78

Partie IV : Les monuments de l'Impossible 81

Chapitre 10 : Les Mystères des Pierres Cyclopéennes.....82

Chapitre 11 : Un Monde Avant le Nôtre : Les Survivants du Dryas Récent 94

Partie V : Les Connaissances Perdues et Leurs Redécouvertes 105

Chapitre 12 : La Connaissance Astronomique des Anciens.....106

Chapitre 13 : L'Archéo-acoustique : une Science Oubliée ? 119

Chapitre 14 : Les Cathédrales et la Science du Son 127

Introduction

Quand les Pierres Parlent...

L'archéologie est une quête de vérité, mais certaines découvertes remettent en question tout ce que nous pensions savoir sur notre passé. Depuis les débuts de l'archéologie, l'histoire de l'humanité a été racontée selon une trame cohérente, linéaire, rassurante. Un récit académique bien structuré, dans lequel l'homme passe progressivement de la cueillette à l'agriculture, puis de l'artisanat aux sciences, et de la tribu à l'État. L'évolution des sociétés est décrite comme inévitable, presque naturelle, obéissant à des lois du progrès que nul ne remet plus vraiment en question. Mais derrière ce récit officiel, des fissures apparaissent. Et certaines découvertes — souvent mises à l'écart, parfois ridiculisées — viennent perturber cette belle continuité.

Göbekli Tepe, l'île de Pâques, les alignements de Carnac, le Sphinx ou encore les pyramides de Gizeh : autant de lieux qui semblent appartenir à un passé bien plus complexe — et peut-être plus ancien — que ce que nous avons admis. Des monuments qui défient notre compréhension des capacités technologiques des civilisations dites « primitives ». Des structures si audacieuses, si énigmatiques dans leur conception, leur orientation ou leur fonction, qu'elles obligent tout esprit scientifique à suspendre ses certitudes et à rouvrir le champ des possibles.

Car il ne s'agit pas ici de simples anecdotes archéologiques. Il s'agit de faits avérés, observés, mesurés, parfois datés avec précision, qui ne cadrent tout simplement pas avec le modèle dominant. Des anomalies. Et en science, une seule anomalie bien documentée suffit à remettre en cause une théorie. Pourtant, lorsqu'il s'agit d'histoire ancienne, ces anomalies sont souvent ignorées, minimisées, rejetées d'un revers de main, sous prétexte qu'elles « ne peuvent pas exister ». Pourquoi ?

L'archéologie, bien qu'elle se présente comme une science, fonctionne rarement comme les sciences dures. Elle dépend de contextes, d'interprétations, de paradigmes culturels et politiques. Elle est influencée par les dogmes de son temps, les institutions qui la financent, les récits qu'elle contribue à perpétuer. Et il est plus confortable — plus rassurant — de maintenir intacte la version officielle que d'ouvrir la porte à l'inconnu.

Ce livre ne prétend pas détenir la vérité. Il ne cherche pas à remplacer un dogme par un autre. Il propose autre chose : un regard libre. Une exploration lucide des limites de l'archéologie conventionnelle. Une enquête sur ces monuments impossibles, ces savoirs oubliés, ces indices que notre mémoire collective semble avoir effacés. Une invitation à reconsidérer l'histoire de notre espèce.

Dans ce livre, nous allons voyager à travers cinq grandes parties.

Dans la première, « **Aux fondements de l'archéologie** », nous explorerons comment cette discipline s'est construite, entre science et idéologie. De ses débuts romantiques à sa professionnalisation au XIXe siècle, nous verrons comment les premières découvertes ont été filtrées par les croyances religieuses, les ambitions impériales, ou encore les récits nationalistes. Une discipline en perpétuelle tension entre objectivité scientifique et agenda politique.

La seconde partie, « **Les défis de l'archéologie** », nous emmènera au cœur des sites les plus dérangeants. Göbekli Tepe, temple vieux de 12 000 ans, qui remet en cause le schéma établi de l'évolution sociale ; l'île de Pâques et ses Moaïs, défiant toute logique logistique ; le Sphinx, dont les marques d'érosion suggèrent une antiquité bien antérieure à l'Égypte pharaonique. À travers ces exemples, nous verrons que certains faits échappent encore à toute explication rationnelle.

La troisième partie est consacrée à **Khéops, la pyramide de l'impossible**. Symbole de l'Égypte ancienne, la Grande Pyramide fascine autant qu'elle interroge. Ses dimensions, sa précision géométrique, l'absence de hiéroglyphes, son orientation astronomique, ses propriétés électromagnétiques récemment mesurées... tout concourt à en faire un objet hors du commun.

La quatrième partie, **« Les monuments de l'impossible »**, élargira notre regard à d'autres sites cyclopéens à travers le monde : des Andes au Japon, en passant par Abydos ou Teotihuacan. Comment des blocs de pierre pesant plusieurs dizaines de tonnes ont-ils pu être déplacés et ajustés avec une précision que même nos technologies modernes peinent à reproduire ? Existe-t-il un code architectural universel, un langage mégalithique commun à des civilisations séparées par des millénaires et des océans ? Quel rôle le climat, et notamment l'énigmatique période du Dryas Récent, a-t-il joué dans cette histoire oubliée ?

Enfin, dans la cinquième partie, nous nous pencherons sur **les savoirs anciens, perdus ou redécouverts**. L'archéoastronomie, l'archéo-acoustique, les géométries sacrées, les principes vibratoires : autant de domaines que les anciens bâtisseurs semblaient maîtriser et qui réémergent aujourd'hui grâce à la science contemporaine. Nous verrons que certains savoirs que nous considérons comme modernes — alignements astronomiques, maîtrise des sons, gestion de l'énergie — étaient peut-être déjà connus, il y a plusieurs millénaires.

Alors, faut-il réécrire l'histoire ? Ou simplement l'ouvrir à de nouvelles hypothèses, à la lumière de faits trop longtemps ignorés ? Il ne s'agit pas ici de nourrir des fantasmes, mais de replacer la curiosité et l'esprit critique au cœur de la recherche. Ce livre n'est pas un manifeste contre l'archéologie, mais un plaidoyer pour une archéologie élargie, décomplexée, libérée de ses carcans.

Notre époque exige des esprits ouverts. À l'heure où les technologies permettent de sonder le sous-sol, d'explorer les profondeurs océaniques, de lire dans les particules cosmiques ou de reconstituer le passé grâce à l'intelligence artificielle, il est temps de reconsidérer ce que nous croyons savoir. Le passé n'est pas figé : il attend d'être relu.

Et si ce que nous appelons aujourd'hui « mythe » n'était en réalité qu'un souvenir brouillé d'un monde que nous avons oublié ?

PARTIE I

Genèse de l'Archéologie : Entre Héritages et Remises en Question

Aux Origines de l'Archéologie : Quand la Passion du Passé Devient une Science

L'histoire de l'archéologie est une histoire de passionnés, d'explorateurs, de visionnaires, mais aussi d'hommes parfois aveuglés par leur époque et leurs biais culturels. Avant de devenir la discipline rigoureuse que nous connaissons aujourd'hui, l'archéologie fut longtemps une quête de trésors, une chasse aux reliques et aux vestiges d'un passé mystérieux et prestigieux. Ce n'est qu'au fil des siècles, au prix d'erreurs, de tâtonnements et d'avancées méthodologiques, que l'exploration des civilisations disparues est devenue une science à part entière.

Mais cette quête n'est pas achevée. L'histoire de l'humanité est encore pleine de zones d'ombre. Certains sites remettent en cause notre compréhension de l'évolution des civilisations, d'autres suggèrent qu'un savoir ancien aurait pu exister bien avant l'apparition des sociétés dites « modernes ». Avant d'examiner ces énigmes, revenons sur les origines de l'archéologie et les étapes qui ont façonné cette discipline, depuis les premiers antiquaires du passé jusqu'à l'essor des nouvelles technologies qui, aujourd'hui, révolutionnent notre perception de l'histoire.

Chapitre 1 : Aux Origines de l'Archéologie : Entre Passion, Pouvoir et Construction du Savoir

Les Antiquaires : Premiers Chasseurs de Passé, Premiers Outils du Pouvoir

Bien avant que l'archéologie ne devienne une discipline scientifique, elle était le domaine des antiquaires, ces érudits et collectionneurs qui parcouraient le monde à la recherche d'artefacts anciens. Mais ces hommes n'étaient pas seulement mus par la curiosité ou le goût du savoir. Leur travail s'inscrivait dans un contexte politique, religieux et idéologique bien précis.

Dès l'Antiquité, l'intérêt pour les vestiges du passé était fortement lié aux ambitions impériales. Les Romains, par exemple, étaient fascinés par la culture grecque qu'ils considéraient comme le sommet de la civilisation. Lorsqu'ils conquéraient une ville, ils en pillaient systématiquement les temples et les statues, non seulement pour en décorer Rome, mais aussi pour affirmer leur rôle de nouveaux héritiers de la grandeur hellénique.

Avec la chute de Rome, cette dynamique disparut temporairement en Occident, mais elle fut maintenue dans le monde byzantin et islamique, où l'étude des textes antiques et la conservation des savoirs grecs et romains furent activement poursuivies. Ce n'est qu'à la Renaissance que l'Europe redécouvrit son intérêt pour les civilisations anciennes.

L'Instrumentalisation de l'Histoire par l'Église

Dès le Moyen Âge, l'Église exerça un contrôle absolu sur la manière dont l'histoire était racontée. Toute découverte devait être interprétée à travers le prisme de la Bible et des récits chrétiens. On considérait que la Terre avait été créée il y a environ 6 000 ans, conformément aux calculs de l'évêque James Ussher, et toute trouvaille archéologique devait s'intégrer dans cette chronologie restrictive.

Les premiers antiquaires étaient souvent des clercs ou des érudits liés aux autorités religieuses. Lorsqu'ils exhumaient des vestiges, ils cherchaient avant tout à confirmer les récits bibliques plutôt qu'à comprendre objectivement le passé. Par exemple, de nombreuses recherches menées en Palestine et en Mésopotamie avaient pour but de retrouver des traces tangibles du Déluge de Noé, de la Tour de Babel ou encore des villes de Sodome et Gomorrhe.

Même lorsque des découvertes venaient contredire les récits religieux, elles étaient souvent réinterprétées ou dissimulées. Ainsi, certaines fresques et statues retrouvées dans les ruines romaines étaient jugées païennes et détruites, tandis que d'autres trouvailles étaient volontairement associées aux personnages bibliques.

La Renaissance et la Redécouverte de l'Antiquité

À partir du XVe siècle, un vent de changement souffle sur l'Europe. Avec la redécouverte des textes antiques et l'essor de l'humanisme, la quête du passé devient un phénomène culturel majeur. En Italie, les Médicis, le pape Jules II et d'autres mécènes financent des fouilles dans les ruines de Rome, non plus pour des raisons religieuses, mais pour affirmer leur propre prestige.

Les antiquaires de la Renaissance ne sont plus uniquement des hommes d'Église, mais aussi des aristocrates, des explorateurs et des marchands qui cherchent à accumuler des œuvres d'art.

Les statues grecques et romaines deviennent des objets de luxe, exposés dans les palais comme symboles de raffinement et de pouvoir.

Cependant, cette redécouverte de l'Antiquité reste profondément instrumentalisée. Si l'Europe admire la grandeur de Rome, elle n'éprouve toujours aucun intérêt pour les cultures non européennes. Les civilisations d'Afrique, d'Amérique et d'Asie sont considérées comme primitives. Pire encore, les premières explorations en Égypte et en Mésopotamie sont motivées par la volonté de démontrer que ces civilisations ont été influencées par l'Occident, et non l'inverse.

L'Archéologie au Service du Pouvoir Royal et Impérial

Aux XVIIe et XVIIIe siècles, l'archéologie devient un enjeu politique. Les grandes puissances européennes, en pleine expansion coloniale, commencent à utiliser les découvertes archéologiques pour justifier leur domination sur les territoires conquis.

En France, sous Louis XIV et Napoléon, les expéditions archéologiques servent à glorifier la grandeur de l'Empire. L'expédition d'Égypte de 1798, menée par Bonaparte, est autant une conquête militaire qu'une campagne scientifique visant à démontrer la supériorité de la culture française sur le reste du monde.

En Angleterre, le British Museum devient un symbole du pouvoir impérial, accumulant des trésors pillés en Grèce, en Inde et en Mésopotamie sous couvert de "sauvegarde du patrimoine".

Ainsi, bien avant de devenir une discipline scientifique, l'archéologie fut un outil au service des rois, des empereurs et des idéologies dominantes. Ce n'est qu'au XIXe siècle, avec l'émergence de véritables méthodes de fouille et de classification, que la discipline commence à se détacher, progressivement, des influences politiques et religieuses.

Mais l'histoire n'est jamais neutre. Aujourd'hui encore, certaines découvertes sont mises en avant tandis que d'autres sont oubliées, parce qu'elles ne correspondent pas aux récits établis. La science progresse, mais elle reste influencée par le pouvoir et les paradigmes dominants.

Le Tournant du XIXe Siècle : Quand l'Archéologie Devient une Quête du Savoir

C'est au XIXe siècle que l'archéologie commence véritablement à se structurer en tant que discipline scientifique. Avec l'essor des grandes explorations et l'intérêt croissant pour l'histoire des civilisations, l'approche change peu à peu. On ne se contente plus de collecter des artefacts, on commence à vouloir les comprendre.

Un tournant décisif a lieu avec Heinrich Schliemann, un riche marchand allemand passionné par l'Antiquité. Convaincu que la ville légendaire de Troie, décrite par Homère, a réellement existé, il se lance en 1870 dans des fouilles en Turquie, persuadé d'en retrouver les vestiges. Après des années de recherche, il met au jour une série de couches archéologiques correspondant à différentes périodes d'occupation, découvrant ce qu'il croit être les trésors de Priam, qu'il s'empresse d'envoyer au musée de Berlin.

Si Schliemann est souvent qualifié de père de l'archéologie moderne, sa méthode laisse pourtant à désirer : trop impatient, il creuse trop profondément et détruit des strates précieuses plus récentes. Mais son travail marque une rupture : désormais, les fouilles ne sont plus seulement une affaire de collectionneurs, elles deviennent une enquête sur le passé, avec la notion de stratigraphie (l'analyse des couches du sol) qui commence à émerger.

Un autre exemple majeur est celui de Jean-François Champollion, qui parvient en 1822 à déchiffrer les hiéroglyphes grâce à la pierre de Rosette, découverte en Égypte par les troupes de Napoléon. Ce décryptage ouvre une nouvelle ère : celle où l'on peut enfin lire les témoignages écrits des civilisations disparues et ne plus dépendre uniquement des récits des auteurs grecs et romains.

D'autres figures, comme Paul-Émile Botta, qui exhume les palais de l'ancienne Ninive en Mésopotamie, ou Flinders Petrie, pionnier de la datation des poteries en Égypte, perfectionnent les méthodes. L'archéologie commence à se doter d'outils scientifiques, et la notion de contexte devient primordiale.

Le XXe Siècle : L'Âge de la Méthode et de la Technologie

Le XXe siècle marque l'entrée de l'archéologie dans une ère où la méthode devient plus rigoureuse et scientifique. Les chercheurs prennent conscience que chaque artefact a une histoire qui ne peut être comprise qu'en étudiant son emplacement, son association avec d'autres objets et la couche géologique où il repose.

C'est à cette époque que la stratigraphie devient une règle incontournable : plus une couche est profonde, plus elle est ancienne. On ne fouille plus au hasard, on travaille méthodiquement, en enregistrant chaque découverte et en tentant de reconstituer les modes de vie plutôt que de se concentrer uniquement sur les objets prestigieux.

La Stratigraphie : Lire le Temps dans les Strates de la Terre

Avant l'essor des méthodes de datation scientifique comme le carbone 14, l'archéologie reposait presque exclusivement sur la stratigraphie, une technique d'analyse des couches de sédiments et de vestiges enfouis pour reconstituer l'histoire d'un site. Cette méthode repose sur un principe fondamental : plus une couche est profonde, plus elle est ancienne. À l'image des pages d'un livre, chaque couche géologique raconte une partie de l'histoire humaine, avec ses événements, ses catastrophes, ses constructions et ses abandons.

Ainsi, dans une fouille archéologique, un archéologue peut découvrir successivement une première couche contenant des poteries médiévales, puis en creusant plus profondément, des fondations romaines, et encore plus bas, des outils néolithiques. Chaque stratum (ou couche archéologique) représente une période distincte, formée par l'accumulation de matériaux laissés par les générations successives. Mais la stratigraphie ne se limite pas à une simple superposition de vestiges : elle permet aussi de détecter des anomalies, comme une fosse creusée à une époque plus récente, ou des traces de destruction et de reconstruction.

C'est grâce à cette méthode que Heinrich Schliemann, au XIXe siècle, a identifié les différentes phases d'occupation de la légendaire Troie. Il remarqua que la cité antique n'était pas une ville unique, mais un empilement de plusieurs villes reconstruites les unes sur les autres au fil des siècles. La stratigraphie lui permit ainsi d'identifier les vestiges correspondant à la Troie homérique, celle décrite dans l'Iliade d'Homère.

Cependant, la stratigraphie a ses limites. Elle ne permet pas de dater un site avec une précision absolue et repose sur des interprétations qui peuvent être sujettes à débat. Une couche contenant des objets d'une époque donnée peut avoir été perturbée par des événements postérieurs : tremblements de terre, inondations, ou même des pillages. C'est pourquoi l'analyse stratigraphique doit être menée avec rigueur, en prenant en compte les relations entre les différentes couches et en croisant ces observations avec d'autres indices, comme les styles architecturaux ou les typologies céramiques.

Dans des contextes où le carbone 14 est inutilisable — notamment sur des matériaux inorganiques comme la pierre ou le métal —, la stratigraphie reste l'outil principal pour établir une chronologie relative et comprendre l'histoire d'un site. Elle est ainsi une clé essentielle pour reconstruire le passé, en l'absence de textes ou de preuves directes. Aujourd'hui encore, malgré les avancées technologiques, la stratigraphie demeure la base de toute fouille archéologique, permettant de faire parler les couches du sol et de dévoiler les secrets enfouis du temps.

L'archéologie, en tant que discipline scientifique, a considérablement évolué depuis ses débuts, passant d'une quête de trésors à une véritable recherche historique et anthropologique. Toutefois, malgré ses avancées méthodologiques et technologiques, elle demeure une science soumise à de nombreux biais. Loin d'être une discipline purement objective, elle est influencée par des paradigmes culturels, des choix institutionnels et des contraintes économiques qui limitent la portée de ses découvertes.

Une Science en Construction : L'Archéologie et la Quête du Passé

Lorsqu'on évoque la science, l'image qui vient à l'esprit est celle d'une discipline rigoureuse, fondée sur des lois précises et des expériences reproductibles. Les sciences dites exactes, comme la physique et les mathématiques, obéissent à des principes invariables. Quelle que soit l'époque ou l'expérimentateur, une force gravitationnelle s'appliquera toujours de la même manière sur un objet, et la combinaison de deux atomes d'hydrogène avec un atome d'oxygène produira toujours de l'eau. Cette constance permet d'établir des théories universelles, qui constituent des piliers immuables de la connaissance.

L'archéologie, en revanche, ne fonctionne pas selon ces principes. Contrairement aux sciences dures, elle ne repose pas sur des formules infaillibles, mais sur une reconstitution du passé à partir de fragments épars, d'indices parfois contradictoires et d'interprétations humaines. Elle est une science historique, ancrée dans les humanités, où la subjectivité et le contexte culturel du chercheur jouent un rôle central dans l'élaboration du savoir.

Prenons un exemple concret. Un archéologue découvre des ossements humains à proximité d'outils en pierre. La conclusion immédiate serait de supposer que ces outils ont été fabriqués et utilisés par ces individus. Pourtant, cette hypothèse, aussi logique soit-elle, n'est pas une certitude absolue. Peut-être que les ossements et les outils appartiennent à des périodes différentes et qu'ils ont été mélangés par des phénomènes naturels comme l'érosion ou des glissements de terrain. Peut-être aussi que les outils ont été déposés sur ce site bien après la mort des individus, par une population ultérieure qui aurait réoccupé les lieux.

Ce type de dilemme illustre une réalité fondamentale : l'archéologie est une science de l'interprétation, où les conclusions reposent non seulement sur les indices disponibles, mais aussi sur les théories dominantes du moment. Ce qui est considéré comme une vérité archéologique aujourd'hui peut être entièrement remis en question demain, à la lumière de nouvelles découvertes ou de technologies plus avancées. L'histoire du peuplement de l'Amérique en est un exemple frappant. Pendant des décennies, le « modèle Clovis » a dominé la discipline, affirmant que les premiers habitants du continent étaient arrivés il y a environ 13 000 ans par le détroit de Béring. Pourtant, des fouilles comme celles de Monte Verde au Chili, datant de plus de 18 000 ans, ont bouleversé ce cadre théorique, révélant que les Amériques ont été peuplées bien plus tôt que prévu.

Loin d'être une science exacte, l'archéologie est en réalité une discipline hybride, qui mêle géologie, anthropologie, chimie, physique et imagerie satellite dans un effort commun pour reconstruire le passé. Elle repose sur des indices indirects, des datations approximatives et des hypothèses qui évoluent au fil des découvertes. Contrairement à la physique ou aux mathématiques, elle ne produit pas de vérités absolues, mais des scénarios de plus en plus affinés sur les sociétés disparues.

Ce caractère évolutif fait de l'archéologie une discipline en perpétuelle mutation, mais aussi une science vulnérable aux influences extérieures, qu'elles soient politiques, culturelles ou institutionnelles. Dès le XIXe siècle, elle s'est construite sur des bases influencées par l'idéologie de son époque, notamment l'évolutionnisme et l'eurocentrisme, qui ont façonné notre perception de l'histoire humaine. Les civilisations du passé ont longtemps été classées selon un schéma hiérarchique, plaçant l'Occident comme l'aboutissement naturel du progrès humain, reléguant ainsi certaines cultures non occidentales à un rôle secondaire ou primitif.

L'histoire de l'archéologie est également marquée par une volonté de légitimation des récits nationaux. Chaque grande puissance a utilisé cette discipline pour renforcer son prestige, légitimer des conquêtes ou glorifier ses racines historiques. Au XIXe siècle, la montée des États-nations a conduit à une véritable course aux antiquités, où chaque empire cherchait à prouver qu'il était l'héritier d'une civilisation prestigieuse. C'est ainsi que les musées européens, comme le British Museum ou le Louvre, se sont remplis d'artefacts venus du monde entier, souvent acquis dans des conditions contestables.

Dans ce contexte, certaines découvertes ont été acceptées ou rejetées en fonction de leur compatibilité avec les récits dominants. Les sites archéologiques ne sont pas étudiés scientifiquement, mais dans un cadre institutionnel et académique qui privilégie certaines interprétations au détriment d'autres. Lorsqu'une découverte vient contredire une théorie largement admise, elle est souvent accueillie avec scepticisme, voire ignorée jusqu'à ce qu'une accumulation de preuves force une réévaluation.

Un autre aspect fondamental de cette discipline est la dépendance aux technologies de datation et d'analyse, qui sont en constante évolution. L'archéologie moderne a fait des avancées spectaculaires grâce à des outils comme la datation au carbone 14, l'analyse ADN des restes humains ou encore l'imagerie satellite, permettant de détecter des structures enfouies sous les forêts et les déserts. Ces techniques ont révélé des civilisations oubliées, parfois bien plus anciennes qu'on ne le supposait, obligeant les chercheurs à reconsidérer l'histoire de l'humanité.

Mais l'utilisation de ces technologies ne garantit pas l'objectivité absolue. Un même site peut être daté différemment selon la méthode employée, et les résultats doivent toujours être interprétés en fonction du contexte archéologique. De plus, l'accès à ces technologies est souvent restreint par des enjeux politiques et économiques. Certains gouvernements contrôlent strictement l'exploration de leur patrimoine archéologique et refusent que certaines découvertes soient rendues publiques, de peur qu'elles ne remettent en question des éléments clés de leur récit national.

Ainsi, l'archéologie est une discipline fascinante, mais complexe, où chaque découverte soulève autant de questions qu'elle apporte de réponses. Elle est une quête de vérité en constante évolution, mais aussi une discipline fragile, influencée par des institutions, des idéologies et des résistances académiques qui déterminent ce que l'on accepte comme réel et ce que l'on considère comme une simple hypothèse marginale.

Alors que les nouvelles technologies permettent aujourd'hui d'explorer l'histoire avec un regard inédit, l'archéologie doit relever un défi majeur : rester ouverte au changement et accepter que le récit du passé soit toujours en mouvement. Loin des certitudes absolues des sciences dures, elle est avant tout une enquête perpétuelle, où chaque fragment du passé peut potentiellement bouleverser notre compréhension du monde.

C'est dans ce contexte que se pose une question essentielle : les limites de l'archéologie conventionnelle sont-elles des barrières méthodologiques ou des blocages institutionnels ? À mesure que les découvertes s'accumulent, la discipline est confrontée à ses propres contradictions, et le défi qui se présente aujourd'hui est celui de son évolution face aux nouvelles données et aux remises en question qu'elles impliquent.

Chapitre 2 : Les Limites de l'Archéologie Conventionnelle

L'Influence des Paradigmes Dominants : Quand l'Histoire Devient une Construction

L'archéologie est tributaire de facteurs politiques, économiques et culturels qui influencent ce qui est étudié, publié et accepté comme légitime. Des découvertes qui ne correspondent pas à la trame établie sont souvent reléguées à la marge, ignorées ou rejetées sous prétexte qu'elles ne s'intègrent pas dans le modèle dominant. Ces paradigmes façonnent donc non seulement notre compréhension du passé, mais aussi les limites de ce que nous acceptons comme possible.

L'archéologie est tributaire de facteurs politiques, économiques et culturels qui influencent ce qui est étudié, publié et accepté comme légitime. Des découvertes qui ne correspondent pas à la trame établie sont souvent reléguées à la marge, ignorées ou rejetées sous prétexte qu'elles ne s'intègrent pas dans le modèle dominant. Ces paradigmes façonnent donc non seulement notre compréhension du passé, mais aussi les limites de ce que nous acceptons comme possible.

Révéler l'invisible : L'exemple des cités amazoniennes et l'archéologie LIDAR

Un exemple emblématique de cette remise en cause récente des paradigmes classiques est celui des découvertes réalisées en Amazonie grâce à la technologie LIDAR (Light Detection and Ranging). Longtemps considérée par l'archéologie occidentale comme un territoire vierge ou faiblement peuplé, la forêt amazonienne a été interprétée comme un environnement hostile, peu propice à l'émergence de sociétés complexes. Cette idée, héritée de récits coloniaux, a façonné l'imaginaire collectif et scientifique pendant des décennies.

Or, les relevés aériens par LIDAR réalisés au cours des dernières années ont révélé la présence de structures monumentales, de réseaux routiers complexes, de canaux d'irrigation, ainsi que de géoglyphes soigneusement tracés. Ces infrastructures, souvent dissimulées sous la végétation dense, témoignent de l'existence de sociétés organisées, sédentaires, et vraisemblablement urbanisées, bien avant l'arrivée des Européens.

Ces découvertes bouleversent l'idée reçue d'une Amazonie précolombienne peu peuplée et isolée. Elles suggèrent qu'une civilisation forestière sophistiquée, avec des formes d'aménagement du territoire durable et adaptées à l'écosystème, a pu exister sur de vastes étendues. Mais longtemps, ce type d'hypothèse a été relégué au rang de spéculation, car il contredisait le modèle dominant d'une « nature sauvage » indomptée et vide de culture « avancée ».

Les nouvelles technologies peuvent aider à repenser les récits et les représentations. Sur l'Amazonie, là encore, l'inertie institutionnelle s'est manifestée au départ. Malgré des données tangibles, de nombreuses publications majeures ont tardé à reconnaître ces découvertes. Les archéologues qui défendaient cette nouvelle lecture ont parfois été marginalisés dans les cercles académiques. Il a fallu attendre que des universités prestigieuses et des revues influentes s'en emparent pour que cette nouvelle vision gagne en légitimité.

Ce cas illustre un point fondamental : le savoir archéologique ne progresse pas seulement par accumulation de preuves, mais aussi par la transformation des cadres qui rendent ces preuves visibles, acceptables, et surtout, interprétables. En d'autres termes, voir ne suffit pas : encore faut-il que l'on soit prêt à croire ce que l'on voit.

L'Archéologie et les Nouvelles Technologies : Une Révolution en Marche

Les nouvelles technologies ont ouvert des perspectives inédites en archéologie. Il est désormais possible d'explorer sans creuser, d'analyser sans détruire et de reconstituer sans spéculer. Ces innovations offrent un accès à des sites autrefois inexplorables, révélant des indices majeurs sur nos origines et remettant en question certaines certitudes établies depuis des décennies.

Le LIDAR, une technologie basée sur l'émission de faisceaux laser, a transformé la manière dont les archéologues détectent les vestiges enfouis sous la végétation. En 2018, une mission LIDAR a mis au jour plus de 60 000 structures mayas inconnues sous la canopée du Guatemala, démontrant que cette civilisation était bien plus vaste et complexe qu'on ne l'avait cru. Loin d'être un ensemble de cités isolées, les Mayas formaient un empire interconnecté avec des routes, des fortifications et des centres urbains sophistiqués. Cette découverte a profondément changé notre perception de leur organisation politique et sociale.

Dans le bassin amazonien, une région longtemps considérée comme inhospitalière pour les grandes civilisations, le LIDAR a révélé des vestiges de villes entières avec des avenues, des places et des systèmes d'irrigation complexes. Cette découverte remet en question l'idée selon laquelle seules les civilisations des plaines fertiles pouvaient atteindre un haut degré de développement. Les archéologues commencent à reconnaître que certaines sociétés amazoniennes ont développé des stratégies de gestion des ressources et un urbanisme avancé bien avant l'arrivée des Européens.

L'imagerie satellite est une autre avancée qui révolutionne l'archéologie. En analysant les anomalies du sol, elle permet d'identifier des structures enfouies sans qu'il soit nécessaire d'excaver. Des images satellites ont permis de détecter des colonies perdues, des temples et même des réseaux souterrains encore inexplorés. Grâce à cette technologie, des vestiges insoupçonnés ont été découverts au Moyen-Orient et en Asie, révélant des civilisations oubliées ou méconnues.

Les particules cosmiques, notamment les muons, sont aujourd'hui utilisées pour explorer l'intérieur des structures antiques sans les endommager. Ces particules, qui traversent la matière en permanence, permettent de détecter des cavités inaccessibles et de cartographier l'intérieur de bâtiments millénaires. À Pompéi, cette méthode a permis d'analyser la structure des édifices ensevelis sous les cendres et d'obtenir des informations cruciales sur leur mode de construction. Les temples et monuments égyptiens, tels que Karnak, ont également été examinés grâce aux muons, ouvrant la voie à de nouvelles interprétations sur leur fonction et leur agencement.

L'intelligence artificielle s'impose peu à peu comme un outil incontournable en archéologie. Capable de comparer instantanément des milliers d'artefacts, elle aide à identifier des styles artistiques, à reconstituer des inscriptions perdues et à analyser des manuscrits anciens. Son application dans l'étude des tablettes cunéiformes a permis de reconstituer des textes mésopotamiens jusqu'ici illisibles, révélant de nouveaux aspects de la vie politique et religieuse des premières civilisations. Associée à l'analyse de l'ADN ancien, elle a également permis de réécrire l'histoire des migrations humaines. Les recherches ont démontré que les Européens modernes sont issus d'un mélange complexe de populations, incluant des chasseurs-cueilleurs, des agriculteurs néolithiques venus d'Anatolie et des pasteurs indo-européens des steppes eurasiennes. Ces avancées remettent en cause l'idée d'une migration linéaire et révèlent une interconnexion des populations bien plus ancienne qu'on ne le pensait.

Malgré ces découvertes révolutionnaires, l'archéologie peine encore à intégrer pleinement ces technologies dans son approche institutionnelle. De nombreux archéologues, formés aux méthodes traditionnelles, perçoivent ces innovations comme une remise en question de leur discipline. L'idée de devoir réévaluer certaines hypothèses établies provoque parfois une résistance au changement. L'accès à ces nouvelles technologies reste également limité par des enjeux politiques et économiques. Certains gouvernements préfèrent restreindre leur utilisation afin de conserver un contrôle sur les récits historiques nationaux et d'éviter des remises en question inconfortables. Dans certains pays, les fouilles archéologiques sont strictement encadrées et les nouvelles découvertes ne sont pas toujours diffusées auprès du grand public.

L'impact de ces technologies sur les paradigmes historiques est considérable. La communauté scientifique hésite souvent à intégrer toutes les découvertes dans l'histoire humaine, de peur de remettre en cause la progression linéaire des civilisations. Pourtant, chaque avancée technologique nous rapproche un peu plus d'une compréhension plus large et plus nuancée du passé. Les nouvelles méthodes d'investigation ne se contentent pas d'affiner les connaissances existantes, elles obligent à redéfinir les fondements mêmes de l'histoire.

Chapitre 3 : Göbekli Tepe, la Découverte Qui Réécrit l'Histoire

En 1963, une équipe d'archéologues de l'Université d'Istanbul et de l'Université de Chicago arpente les collines de l'Anatolie du sud-est, en Turquie. Ils mènent un recensement de sites archéologiques lorsque leur attention est attirée par un monticule artificiel, couvert de pierres taillées éparpillées sur le sol. Pourtant, à l'époque, cette découverte ne suscite guère d'intérêt. Les chercheurs pensent avoir affaire à une colline banale, recouvrant un village néolithique sans importance. Personne ne se doute alors que sous leurs pieds se trouve l'un des sites les plus extraordinaires jamais mis au jour.

Il faudra attendre plus de trois décennies pour que cette colline, connue sous le nom de Göbekli Tepe ("la colline ventrue" en turc), révèle ses secrets. En 1994, Klaus Schmidt, un archéologue allemand de l'Institut Archéologique Allemand, reprend l'étude des archives de fouilles et s'intéresse à cette colline étrange. Intrigué, il décide d'entreprendre de nouvelles explorations. En arrivant sur place, Schmidt remarque immédiatement quelque chose qui lui semble anormal : les pierres éparpillées présentent des motifs sculptés, bien plus complexes que ce que l'on trouve habituellement dans des sites de cette époque supposée. Il sent qu'il est face à un site bien plus ancien que les autres sites néolithiques connus, et entreprend les premières fouilles en 1995.

Dès les premiers coups de pioche, le sol livre des éléments stupéfiants. À seulement quelques centimètres sous la surface, l'équipe met au jour des piliers monumentaux en forme de T, certains atteignant plus de 5 mètres de haut et pesant jusqu'à 20 tonnes. Sculptés dans le calcaire, ces mégalithes portent des gravures d'animaux, des représentations de sangliers, de serpents, de scorpions, de renards et de vautours. Certains blocs sont disposés en cercles concentriques, formant ce qui ressemble à des structures rituelles. Plus les fouilles avancent, plus Schmidt comprend qu'il n'a pas affaire à un simple village néolithique : il est en train de découvrir le plus ancien complexe monumental connu de l'humanité.

Vue d'un enclos mégalithique à Göbekli Tepe, site archéologique situé en Anatolie du Sud-Est (Turquie). Crédit photo : Gizem B. via Pexels

Une Datation Qui Fait Trembler l'Archéologie

Les premières analyses de la stratigraphie du site et des échantillons de matière organique retrouvés entre les pierres donnent une datation vertigineuse : les structures de Göbekli Tepe remontent à environ 9600 avant J.-C., soit près de 12 000 ans.

Ce chiffre est bouleversant : il signifie dans nos repères chronologiques que ce site est 7 000 ans plus ancien que les pyramides d'Égypte et 6 000 ans plus vieux que Stonehenge selon les datations officielles. Il date d'une époque où, selon la vision classique de l'histoire, les humains étaient encore de simples chasseurs-cueilleurs, vivant en petits groupes nomades, bien incapables d'ériger des monuments aussi sophistiqués.

Or, Göbekli Tepe prouve que, bien avant l'apparition des villes et de l'agriculture sédentaire, certains groupes humains possédaient déjà des connaissances avancées en architecture, en ingénierie et en organisation sociale. Le site est un complexe religieux élaboré, indiquant que les populations qui l'ont bâti étaient capables de coordonner des centaines d'individus pour extraire, transporter et ériger d'énormes blocs de pierre.

Un Temple Avant l'Agriculture ? Une Révolution Historique

Avant Göbekli Tepe, la théorie dominante en archéologie affirmait que l'agriculture avait précédé l'architecture monumentale et les sociétés complexes. On pensait que les hommes, en devenant sédentaires et en cultivant la terre, avaient ensuite développé des structures sociales et religieuses plus complexes, ce qui aurait mené à la construction des premiers temples et villes.

Mais Göbekli Tepe inverse totalement cette vision. Ce site monumental a été construit par des chasseurs-cueilleurs, des hommes qui ne cultivaient pas encore de champs, mais qui avaient déjà développé un système de croyances et des lieux de culte impressionnants. Cette découverte suggère que ce n'est pas l'agriculture qui a conduit à la naissance des civilisations, mais plutôt l'inverse : les premiers grands rassemblements religieux auraient poussé les hommes à s'organiser et à adopter peu à peu des modes de vie sédentaires.

L'idée que des chasseurs-cueilleurs aient pu ériger un tel complexe défie également les modèles traditionnels de l'évolution des sociétés humaines. Elle remet en cause la vision linéaire du progrès, où les civilisations avancent de manière prévisible vers des formes toujours plus élaborées. Göbekli Tepe démontre que des formes de civilisation avancée ont pu exister bien avant ce que l'on croyait possible, et que nous sommes encore loin de comprendre pleinement les origines de la culture humaine.

Un Site Délibérément Enterré : Pourquoi ?

L'un des aspects les plus mystérieux de Göbekli Tepe est le fait qu'il a été intentionnellement recouvert de terre à une époque indéterminée. Les fouilles ont révélé que les cercles monumentaux ont été enterrés de manière méthodique par les générations suivantes, sur plusieurs siècles.

Pourquoi un peuple aurait-il pris le temps d'ensevelir un site aussi impressionnant ? Plusieurs hypothèses ont été avancées :

- Une raison rituelle ou religieuse, peut-être pour marquer la fin d'un cycle ou protéger un lieu sacré.
- Une protection contre un cataclysme naturel, comme un changement climatique, une montée des eaux ou une menace extérieure.

- Un abandon progressif, où les populations, en évoluant vers d'autres formes de sociétés, auraient peu à peu recouvert l'ancien sanctuaire.

Quelle que soit la raison, cet enfouissement a permis une conservation exceptionnelle du site, qui nous parvient aujourd'hui dans un état remarquablement intact.

Les Implications de Göbekli Tepe : Un Passé Plus Ancien Que Prévu ?

La découverte de Göbekli Tepe oblige les archéologues et les historiens à revoir leurs hypothèses sur les débuts de la civilisation. Si des monuments complexes existaient déjà avant même l'invention de l'écriture, des villes et de l'agriculture, cela signifie que notre histoire pourrait être beaucoup plus ancienne et plus riche que ce que nous imaginons.

Certains chercheurs, notamment en archéologie alternative, voient dans Göbekli Tepe un indice que d'autres structures comparables ont pu exister bien avant, mais ont été détruites par le temps ou restent à découvrir. Si une telle architecture existait déjà en -9600, pourquoi ne retrouverait-on pas d'autres sites encore plus anciens, enfouis sous les sables ou les océans ?

De plus, la présence de symboles gravés sur les piliers, représentant des animaux et des figures anthropomorphes, laisse penser que Göbekli Tepe était un centre religieux, astronomique ou même un point de transmission de savoirs. Certains ont avancé l'idée qu'il s'agirait d'un sanctuaire marquant la transition entre deux âges, entre une humanité encore nomade et une nouvelle ère de sédentarisation.

Un Mystère Toujours en Cours

Aujourd'hui, moins de 10 % du site de Göbekli Tepe a été fouillé. Il reste encore des structures enfouies, et peut-être des éléments qui apporteront de nouvelles révélations sur cette période charnière de l'histoire humaine.

Avec chaque nouvelle pierre déterrée, Göbekli Tepe bouleverse un peu plus notre vision du passé. Il nous rappelle une chose essentielle : nous ne savons pas tout, et les origines de notre civilisation restent encore à découvrir.

Un site qui force la science à revoir l'histoire

Ce qui distingue Göbekli Tepe des autres découvertes archéologiques, c'est que son ancienneté n'est plus contestable. Longtemps, toute suggestion d'une construction monumentale pré-agricole était immédiatement rejetée par le consensus scientifique, car elle contredisait le modèle établi d'évolution progressive des sociétés humaines. Pourtant, les datations au carbone 14 effectuées sur les couches de sédiments du site ont confirmé un âge de 9600 avant J.-C., soit plus de 12 000 ans d'âge. Cette période correspond à la fin du Paléolithique, bien avant l'apparition des premières civilisations sédentaires reconnues.

Pourtant, Göbekli Tepe présente un degré de sophistication architecturale que l'on attribue habituellement à des cultures bien plus récentes. La datation n'est pas une hypothèse spéculative : elle est fondée sur des techniques éprouvées et validées par la communauté scientifique.

En cela, Göbekli Tepe agit en éclaireur, non seulement en prouvant qu'un chantier monumental a existé à une époque où cela était jugé impossible, mais en révélant que l'humanité de cette période était beaucoup plus avancée que nous ne l'avions admis jusqu'ici.

Le paradoxe des chasseurs-cueilleurs bâtisseurs

Selon l'histoire officielle, les populations vivant autour de 9600 av. J.-C. étaient encore des chasseurs-cueilleurs, organisés en petites communautés nomades. Elles dépendaient de la cueillette, de la pêche et de la chasse, utilisant principalement des outils rudimentaires en pierre taillée, des sagaies et des arcs. Ces groupes humains n'avaient pas encore découvert l'agriculture, ne construisaient pas de villes et n'étaient pas censés posséder une organisation sociale complexe capable de coordonner un projet monumental.

Alors, comment une société de ce type aurait-elle pu concevoir, organiser et ériger un site aussi monumental que Göbekli Tepe ? Cette contradiction heurte frontalement les modèles traditionnels d'évolution sociale, qui postulent que seule l'apparition de l'agriculture a permis l'essor de grands travaux architecturaux et la structuration de sociétés hiérarchisées. Göbekli Tepe invalide ce postulat : avant même la domestication des plantes et des animaux, des peuples étaient capables de mobiliser une main-d'œuvre massive et de développer des compétences en ingénierie et en logistique d'une ampleur insoupçonnée.

Une prouesse technique hors de son temps

La construction de Göbekli Tepe exigeait une maîtrise de plusieurs disciplines que l'on n'attribuait jusque-là qu'aux civilisations post-néolithiques. Il ne s'agissait pas seulement d'empiler des pierres, mais de concevoir des structures durables avec des piliers massifs finement taillés, puis de les ériger avec une précision impressionnante.

Les premières étapes de ce chantier impliquaient d'abord l'extraction des blocs de calcaire, taillés directement dans les carrières locales. Ensuite, ces blocs de plusieurs tonnes devaient être transportés sur des distances considérables, et cela sans roue, sans bêtes de trait ni outillage métallique. Une fois sur place, les bâtisseurs ont dû dresser ces mégalithes avec une précision qui témoigne d'une parfaite maîtrise des forces mécaniques et de l'équilibre des charges.

À ce jour, aucune preuve directe de systèmes de levage sophistiqués ou de structures permettant de transporter ces blocs n'a été retrouvée sur le site. Les théories classiques avancent l'utilisation de rondins de bois, de traîneaux ou de cordes, mais ces hypothèses restent très insuffisantes face à l'ampleur des travaux réalisés. Göbekli Tepe n'est pas une anomalie isolée, il est un signal fort que nos connaissances sur les capacités des peuples paléolithiques sont largement sous-estimées.

Une organisation sociale insoupçonnée à cette époque

L'édification de Göbekli Tepe suggère bien plus que des compétences techniques avancées : elle implique une société hiérarchisée et capable de coopération à grande échelle. Un projet d'une telle ampleur ne pouvait être réalisé que si une main-d'œuvre nombreuse y était dédiée sur une longue période. Cette nécessité contredit totalement l'image des chasseurs-cueilleurs vivant en petits groupes dispersés, sans structure sociale élaborée.

Une telle construction suppose également des ressources alimentaires stables, car il était impossible d'accomplir ces travaux tout en menant une vie entièrement nomade et dépendante des aléas de la chasse et de la cueillette. Se pourrait-il que l'agriculture ait commencé plus tôt que nous ne le pensons, ou qu'une forme alternative de gestion des ressources ait permis l'émergence de cette société organisée ?

Un site qui bouleverse notre vision du passé

Face à ces contradictions, plusieurs hypothèses émergent. Certains chercheurs suggèrent que Göbekli Tepe représente un point de bascule, un moment où les sociétés humaines ont amorcé la transition vers la sédentarisation, avec une forme d'organisation sociale et technique plus avancée que ce que l'on supposait jusque-là. D'autres théories, plus audacieuses, avancent l'idée que le site témoigne de la transmission de connaissances antérieures, un héritage oublié dont nous n'avons retrouvé que des fragments.

Il est également envisageable que nous sous-estimions profondément les capacités cognitives et techniques des peuples préhistoriques. Peut-être l'histoire de l'humanité ne suit-elle pas une trajectoire linéaire et progressive, mais a-t-elle connu des avancées fulgurantes suivies de périodes d'effondrement et d'oubli, où certaines connaissances ont disparu avant de réémerger bien plus tard.

Göbekli Tepe : Un signal fort pour l'archéologie du futur

Göbekli Tepe ne se contente pas d'être une curiosité archéologique, il force la science à réviser ses modèles et à accepter que des sociétés capables de bâtir de tels monuments existaient bien avant les premières civilisations connues. Contrairement à d'autres sites controversés dont la datation est discutée, celui-ci a été confirmé par des méthodes rigoureuses et validé par la communauté scientifique.

Cela signifie qu'il ne s'agit pas d'une spéculation, mais d'une preuve tangible que notre compréhension de l'histoire humaine est encore partielle et incomplète. Si un tel site existait déjà en 9600 av. J.-C., combien d'autres structures nous restent encore à découvrir ? Quels autres vestiges de civilisations oubliées pourraient émerger si nous nous libérions des dogmes établis pour explorer d'autres pistes ?

Un problème fondamental se pose ici : si les archéologues appliquaient une démarche réellement scientifique, ils ne pourraient pas ignorer des anomalies aussi flagrantes que celle représentée par Göbekli Tepe. La science repose sur un principe fondamental : lorsqu'une équation fonctionne, elle doit fonctionner en tout temps et en tout lieu. Mais si elle échoue une seule fois, sa validité est remise en cause et doit être réévaluée. Pourtant, face à Göbekli Tepe, l'archéologie conventionnelle n'a pas adapté son paradigme, mais préfère traiter ce site comme une exception au lieu de reconnaître que son existence invalide l'hypothèse selon laquelle l'architecture monumentale ne pouvait exister avant l'invention de l'agriculture et de la sédentarisation.

Si Göbekli Tepe existe, alors le modèle historique traditionnel ne fonctionne plus. Ce site présente des mégalithes sculptés avec une finesse et une organisation sociale qui ne cadrent pas avec l'image classique des chasseurs-cueilleurs primitifs. La seule approche scientifique rigoureuse serait d'admettre que ce site remet en cause l'idée selon laquelle la civilisation n'aurait émergé qu'à partir de 3000 av. J.-C. et d'explorer les implications profondes de cette découverte.

Si une anomalie contredit un modèle, alors c'est le modèle qui doit être ajusté, et non l'anomalie qui doit être marginalisée. Pourtant, Göbekli Tepe n'est pas le seul exemple qui défie le récit officiel de l'histoire. L'émergence soudaine de Sumer, de l'Égypte antique, de la vallée de l'Indus et des Olmèques pose également un problème de chronologie. Selon l'histoire conventionnelle, les humains auraient vécu en petites tribus de chasseurs-cueilleurs pendant des dizaines de milliers d'années, puis, en l'espace de quelques siècles seulement, ils auraient construit des villes, inventé l'écriture, maîtrisé les mathématiques et développé l'astronomie avec une précision avancée. Ce scénario est-il réellement plausible sans transmission de connaissances antérieures ?

Göbekli Tepe est peut-être la première pièce d'un puzzle bien plus vaste. Il nous rappelle que l'histoire de l'humanité pourrait être bien plus ancienne et complexe que nous ne l'avons imaginé jusqu'ici.

Göbekli Tepe nous force à reconsidérer ce que nous pensions savoir sur les débuts de la civilisation humaine. Non seulement il précède l'agriculture, mais il incarne aussi la capacité des sociétés préhistoriques à concevoir des projets d'une complexité que l'on croyait hors de leur portée. Ce site remet profondément en cause l'idée d'une progression linéaire et uniforme de l'humanité vers la civilisation.

Mais Göbekli Tepe n'est pas une anomalie isolée. D'autres sites, à travers le monde, résistent eux aussi aux grilles de lecture conventionnelles. Ils évoquent des savoirs oubliés, des techniques mystérieuses, des sociétés avancées surgies dans des contextes que l'on croyait défavorables à l'émergence de telles œuvres.

PARTIE II : Vestiges d'un Passé Oublié – Les Défis de l'Archéologie

Et si notre histoire n'était qu'un récit partiel ? Une version lissée, simplifiée, d'un passé bien plus ancien, plus complexe, et plus mystérieux que ce que les manuels nous enseignent ? Après avoir exploré la stupéfiante révélation de Göbekli Tepe, site qui ébranle les fondements mêmes de notre chronologie officielle, cette deuxième partie nous entraîne dans une quête plus vaste encore : celle des anomalies historiques, de ces sites dérangeants que la science hésite à intégrer pleinement dans le récit officiel.

De l'île de Pâques, isolée au cœur du Pacifique, aux pyramides d'Égypte, figées dans le désert, en passant par le Sphinx de Gizeh, sentinelle silencieuse au regard tourné vers l'éternité, nous découvrirons des monuments qui défient la logique, des prouesses techniques que nos civilisations modernes peinent à reproduire, et des énigmes qui résistent obstinément aux interprétations conventionnelles.

Ces lieux, disséminés à travers le globe, semblent liés par un langage architectural perdu, des connaissances astronomiques et géométriques avancées, et un savoir-faire dont l'origine se perd dans la nuit des temps.

Chapitre 4 : L'Île de Pâques : La Terre Silencieuse des Géants

Que Savons-Nous Réellement de Rapa Nui ?

La pauvreté de la littérature académique sur l'île de Pâques soulève une question essentielle : cette lacune reflète-t-elle une incapacité des archéologues à surmonter les défis que pose ce site, ou bien un désintérêt pour ce qu'on perçoit comme un rocher perdu au milieu du Pacifique, apparemment dénué de secrets susceptibles de bouleverser notre compréhension du passé ?

L'île de Pâques, ou Rapa Nui, demeure l'un des mystères les plus fascinants et les plus controversés de notre planète. Nommée Rappa Nui par les autochtones, ce qui signifie « nombril du monde », l'Île de Pâques est un trésor inestimable qui intrigue la communauté ethnologique et archéologique. Elle attire aussi un grand nombre de visiteurs, dont la fréquentation est de plus en plus contrôlée afin de préserver les lieux. Les géants de pierre qui règnent depuis des siècles et des siècles sur ce territoire n'ont pas encore révélé tous leurs secrets et les légendes se multiplient à leur propos.

Ce territoire minuscule de 164 km^2, perdu au cœur du Pacifique, détient le titre de lieu habité le plus isolé au monde, se trouvant à plus de 3 700 km des côtes chiliennes. Contrairement à d'autres joyaux polynésiens comme Tahiti ou Hawaï, l'île de Pâques ne séduit ni par une végétation luxuriante ni par des lagons étincelants : elle offre un paysage austère, façonné par les vents, marqué par des volcans éteints et le poids d'une histoire humaine complexe et énigmatique.

Malgré cet isolement, Rapa Nui fascine avant tout pour ses mystérieuses statues monumentales, les Moaïs, ces géants de pierre qui semblent défier le temps. Officiellement, 887 Moaïs ont été recensés sur l'île. Parmi eux, 397 sont restés inachevés dans la carrière du Rano Raraku, 92 ont été abandonnés en cours de transport et environ 300 ont été installés sur les ahu, les plateformes cérémonielles qui ponctuent le littoral de l'île. Ces statues, dont la majorité mesure en moyenne 4 mètres de haut pour un poids de 20 à 80 tonnes, n'ont révélé qu'une partie de leurs secrets.

Rapa Nui fut découverte par les Européens le dimanche de Pâques 1722, lorsque l'explorateur néerlandais Jakob Roggeveen y accosta. Il trouva alors une île à la fois fascinante et énigmatique, dominée par des centaines de gigantesques statues de pierre dont la présence semblait défier toute logique et qui peinent encore à être expliquées aujourd'hui.

L'énigme des Moaïs réside non seulement dans leur taille colossale et leur impressionnante diversité, mais aussi dans la manière dont ils ont été sculptés, transportés et érigés. Comment une société insulaire, dépourvue de technologies avancées et vivant sur un territoire aux ressources limitées, a-t-elle pu accomplir un tel exploit ? Pourquoi les Moaïs semblent-ils respecter des alignements précis, suggérant des connaissances en astronomie ? Et surtout, que signifient réellement ces statues, dont la fonction dépasse probablement le simple hommage aux ancêtres ?

Si l'archéologie conventionnelle propose des théories sur la fabrication et l'usage des Moaïs, plusieurs zones d'ombre subsistent.

Sculpter l'impossible : l'énigme de la taille des Moaïs

Taillés dans le tuf volcanique, une roche poreuse de faible densité, ces colosses témoignent d'une prouesse technique et spirituelle extraordinaires. Leurs visages, gravés avec une solennité frappante, leurs bras longs et gravés, leurs mains posées sur le ventre, évoquent des significations symboliques profondes. Les chercheurs y voient des indices d'une connexion spirituelle et rituelle forte avec les cycles naturels et les astres. Certains détails, comme leurs yeux autrefois incrustés de corail blanc, ajoutent encore à leur mystère.

Alignement de Moaïs sur l'Ahu Tongariki, le plus grand site cérémoniel de l'île de Pâques (Rapa Nui).
Crédit photo : Lachcim Kejarko via Pexels

Si l'origine des Moaïs ne fait pas débat — tous ont été taillés dans le tuf volcanique, une roche relativement tendre provenant du volcan de l'île, le Rano Raraku — les méthodes utilisées pour leur sculpture restent une énigme. Les archéologues attribuent traditionnellement aux Rapa Nui l'usage d'outils en obsidienne et en basalte, des pierres plus dures que le tuf, permettant un travail précis. Ces outils, appelés toki, auraient permis d'extraire et de sculpter les statues avec patience et minutie. Toutefois, plusieurs anomalies jettent le doute sur cette théorie établie et laissent penser que nous ignorons encore une partie des techniques utilisées par les anciens habitants de l'île.

L'un des aspects les plus fascinants du mystère des Moaïs est la tentative moderne de reproduire leur sculpture à l'aide des outils supposément utilisés par les anciens Rapa Nui. Dans les années 1950, l'explorateur norvégien Thor Heyerdahl, connu pour son expédition du Kon-Tiki, s'intéressa de près à la question et mena une expérience visant à sculpter un Moaï en utilisant uniquement des outils en pierre. L'objectif était simple : vérifier si la technique traditionnelle attribuée aux habitants de l'île pouvait effectivement expliquer la production des statues colossales.

Les résultats furent déconcertants. Heyerdahl et son équipe utilisèrent des outils en obsidienne et en basalte, censés être similaires à ceux des Rapa Nui. Le processus s'annonça d'emblée plus complexe que prévu. Contrairement aux attentes, l'obsidienne, pourtant plus dure que le tuf volcanique du Rano Raraku, se révéla extrêmement cassante. Les outils se brisaient fréquemment sous l'impact et ne permettaient pas d'effectuer des tailles précises sur de grandes surfaces. L'équipe dut donc se limiter à des coups légers et répétitifs, ce qui ralentissait considérablement le travail.

Pour une seule statue de 4 mètres, Heyerdahl estima que l'extraction et la sculpture auraient nécessité au moins 12 à 15 mois de travail continu, en mobilisant plusieurs artisans. Ce chiffre posa un problème majeur : si chaque Moaï demandait plus d'un an de labeur, et que près de 1000 statues ont été produites, cela impliquerait des siècles de production ininterrompue, une cadence difficilement soutenable avec la main-d'œuvre disponible sur l'île.

D'autres chercheurs poursuivirent l'expérience dans les années suivantes, notamment l'archéologue Jo Anne Van Tilburg, qui mena des tests grandeur nature avec des sculpteurs expérimentés. Malgré leur expertise, les résultats restèrent insatisfaisants. Le travail avançait bien plus lentement que prévu, et les détails fins que l'on observe sur certains Moaïs s'avéraient quasiment impossibles à reproduire avec de simples outils de pierre. Cette difficulté accrut encore le doute : comment une société insulaire aux ressources limitées avait-elle pu produire des centaines de statues d'une telle envergure dans un laps de temps cohérent avec son histoire ?

Les Moaïs n'ont pas seulement posé un défi technique, mais également un problème de capacité de production. Pour comprendre l'ampleur du paradoxe, il est essentiel d'examiner la population de l'île à l'époque supposée de la construction des statues.

Les estimations varient, mais les chercheurs s'accordent à dire qu'avant l'effondrement démographique des Rapa Nui, l'île n'a jamais dépassé 15 000 à 20 000 habitants au maximum. Une grande partie de cette population était dédiée à l'agriculture, à la pêche et aux activités de subsistance. Si l'on suppose que seuls quelques milliers de travailleurs étaient disponibles pour la sculpture des Moaïs, cela signifie que des centaines d'années auraient été nécessaires pour produire l'ensemble des statues visibles aujourd'hui.

Un autre problème réside dans le fait que la construction des Moaïs n'était pas un travail ponctuel, mais un effort constant et collectif, mobilisant une main-d'œuvre qualifiée. Or, l'île ne disposait pas d'une structure sociale avec une hiérarchie complexe et un pouvoir centralisé permettant de mobiliser des milliers d'ouvriers. Comment une société insulaire, avec une population restreinte et un accès limité aux ressources, a-t-elle pu consacrer autant d'efforts à ces sculptures monumentales, tout en maintenant son équilibre économique et alimentaire ?

Des outils inadaptés pour une sculpture aussi précise

Les archéologues ayant longtemps supposé que les Rapa Nui utilisaient des outils appelés toki, des pics en obsidienne et basalte destinés à tailler le tuf volcanique du Rano Raraku, cette théorie soulève aujourd'hui plusieurs incohérences.

D'une part, l'obsidienne, bien qu'extrêmement tranchante, est une roche fragile et cassante. Si elle est efficace pour trancher des matériaux tendres ou pour fabriquer des pointes de flèche, elle n'est pas adaptée pour travailler des surfaces aussi vastes et irrégulières que celles des Moaïs. Les expérimentations modernes ont montré que ces outils s'émoussaient rapidement et devaient être remplacés très fréquemment. Or, les traces d'usure retrouvées sur les toki retrouvés sur l'île sont minimes, suggérant qu'ils n'ont pas été employés de manière intensive pour la sculpture de centaines de statues.

D'autre part, la qualité des finitions varie de manière spectaculaire d'un Moaï à l'autre. Si certains affichent une apparence brute et incomplète, d'autres présentent une surface lisse et polie, avec des contours précis et des détails sculptés avec une finesse remarquable. Cette diversité pose une question cruciale : pourquoi trouve-t-on sur le même site des statues à peine dégrossies et d'autres parfaitement achevées, alors que les mêmes outils auraient été utilisés ?

Moaïs partiellement enfouis dans la carrière volcanique de Rano Raraku, sur l'île de Pâques (Rapa Nui).
Crédit photo : Hal Cooks via Unsplash

La difficulté s'accentue lorsque l'on observe certaines sculptures présentant des angles nets et des arêtes précises, un travail complexe qui nécessite un contrôle méticuleux de la force appliquée sur la roche. Avec les outils traditionnels supposés, il aurait été quasi impossible d'obtenir un tel niveau de finition. Même en utilisant des techniques de frappe contrôlée et en multipliant les artisans, aucune reproduction moderne n'a réussi à égaler les détails observés sur certains Moaïs.

Les incohérences ne s'arrêtent pas à la sculpture elle-même. Pour mener à bien un projet d'une telle envergure, les Rapa Nui auraient dû disposer d'une organisation logistique sophistiquée, impliquant une hiérarchisation des tâches, une planification à long terme et un savoir-faire technique élaboré. Or, selon les traces archéologiques, l'île ne montre aucune des infrastructures nécessaires à un tel chantier. Contrairement aux sociétés bâtisseuses comme l'Égypte, où l'on retrouve des carrières organisées, des campements de travailleurs et des outils en abondance – témoignant d'une intense activité de construction, bien que les monuments les plus anciens, comme les grandes pyramides, puissent avoir une origine bien antérieure aux ouvrages des dynasties pharaoniques –, Rapa Nui ne présente aucune preuve d'ateliers massifs de sculpture ni de structures dédiées à l'organisation d'un projet d'une telle ampleur.

De plus, certains Moaïs semblent avoir été travaillés directement sur place, sans que l'on observe de vestiges d'installations permettant une taille prolongée. Comment expliquer l'absence d'éléments liés à un chantier aussi gigantesque ? Pourquoi ne retrouve-t-on pas des amoncellements de déchets de taille, des fosses à outils ou d'autres indices d'une production continue sur plusieurs siècles ?

En somme, la théorie officielle expliquant la fabrication des Moaïs présente plus de questions que de réponses. Les tentatives modernes de reproduction n'ont jamais abouti à des résultats convaincants, et l'analyse des outils disponibles remet en question la capacité des Rapa Nui à produire ces statues avec les moyens qui leur sont attribués. Le mystère reste entier, et tant que de nouvelles découvertes ne viendront pas étayer les hypothèses conventionnelles, il est légitime de se demander si nous n'avons pas sous-estimé l'ingéniosité de cette civilisation... ou surestimé les explications traditionnelles.

Le Mystère du Transport des Moaïs

Parmi les nombreuses énigmes entourant les Moaïs de l'île de Pâques, l'une des plus fascinantes reste leur transport. Ces statues, pesant entre 20 et 80 tonnes pour une hauteur moyenne de 4 mètres, ont été acheminées sur plusieurs kilomètres depuis la carrière volcanique du Rano Raraku jusqu'aux côtes, où elles ont été érigées sur des plateformes cérémonielles appelées ahu.

Pendant longtemps, la théorie dominante voulait que les Rapa Nui aient déplacé ces colosses sur des rondins de bois, un processus qui aurait nécessité une importante déforestation et contribué à l'effondrement écologique de l'île. Cette hypothèse, popularisée par Jared Diamond dans son livre *Effondrement* (2005), s'inscrivait dans le cadre d'un récit plus large : celui d'un peuple qui aurait causé sa propre ruine en exploitant excessivement ses ressources.

Cependant, cette vision de l'histoire de Rapa Nui est aujourd'hui remise en question. Non seulement elle repose sur des suppositions fragiles, mais elle semble aussi ignorer des éléments clés qui pourraient profondément modifier notre compréhension du passé de l'île.

La thèse de l'écocide : un récit contesté

L'idée que les Rapa Nui aient provoqué leur propre chute en surexploitant leur environnement s'est imposée dès les premiers récits des explorateurs européens. En 1722, lorsque le navigateur néerlandais Jakob Roggeveen découvre l'île, il trouve un territoire appauvri, presque dépourvu d'arbres, et une population réduite à quelques milliers d'individus. Comment expliquer qu'un peuple capable d'ériger près de 1000 statues monumentales ait pu sombrer dans une telle précarité ?

C'est pour répondre à cette question que des chercheurs comme John Flenley et Paul Bahn ont avancé l'hypothèse d'une crise écologique auto-infligée. Selon eux, l'île aurait autrefois été recouverte de forêts de palmiers, fournissant aux habitants bois, nourriture et matériaux de construction. Mais la construction des Moaïs et leur transport auraient exigé une consommation excessive de bois, menant à une déforestation totale et à une série de catastrophes en cascade:

- Disparition des forêts → Érosion des sols → Baisse des rendements agricoles
- Perte des arbres → Impossibilité de fabriquer des pirogues → Réduction de la pêche
- Effondrement des ressources → Famines → Conflits entre clans → Guerre et cannibalisme

Dans ce scénario, les Rapa Nui auraient progressivement dépassé les capacités de charge de leur île, provoquant un effondrement brutal de leur civilisation. Jared Diamond résume cette théorie de manière frappante :

"En seulement quelques siècles, les habitants de l'île de Pâques ont anéanti leur forêt, conduit à l'extinction leurs plantes et animaux, et vu leur société complexe basculer dans le chaos et le cannibalisme. Allons-nous suivre leur exemple ?" (*Effondrement*, 2005)

Ce récit a marqué les esprits et est souvent présenté comme une mise en garde contre la destruction irresponsable de l'environnement. Pourtant, les découvertes archéologiques et paléobotaniques récentes remettent en cause plusieurs de ses fondements.

Une déforestation plus complexe qu'il n'y paraît

Contrairement à ce qu'affirme Diamond, la disparition des forêts de l'île ne semble pas résulter uniquement d'une exploitation humaine excessive. Des études paléoécologiques ont mis en évidence un facteur clé qui avait jusqu'alors été négligé : les rats polynésiens.

Introduits accidentellement par les premiers colons polynésiens autour du XIIe siècle, ces rongeurs se sont multipliés rapidement, se nourrissant des graines et des jeunes pousses des palmiers, empêchant ainsi leur régénération. Cette hypothèse, appuyée par l'analyse des pollens fossiles et des restes de charbon de bois, suggère que la disparition des arbres n'a pas été uniquement causée par les habitants, mais aussi par des processus écologiques incontrôlables.

De plus, la théorie d'un effondrement démographique avant l'arrivée des Européens a été largement remise en question. Des analyses génétiques récentes montrent que la population de Rapa Nui n'a pas connu de chute brutale avant le XVIIIe siècle, ce qui contredit l'idée d'un déclin causé par une catastrophe écologique interne. Ce sont les explorations européennes, et surtout les raids esclavagistes péruviens du XIXe siècle, qui ont joué un rôle déterminant dans la disparition de la culture rapanui.

La remise en question du transport sur rondins de bois

Si l'écocide de Rapa Nui est de plus en plus contesté, l'une des pierres angulaires de cette théorie – le transport des Moaïs sur des rondins de bois – l'est tout autant.

L'idée que les statues aient été déplacées en les roulant sur des troncs de palmiers a été avancée par Thor Heyerdahl et William Mulloy dans les années 1950-1960. Elle repose sur une hypothèse simple : si les Moaïs ont été transportés sur des rondins, cela signifie qu'un grand nombre d'arbres a été abattu, ce qui aurait contribué à la déforestation de l'île.

Mais cette thèse présente plusieurs incohérences majeures :

- La nature du bois de palmier. Contrairement à ce que l'on pourrait penser, le bois de palmier n'est pas adapté à un tel usage. Contrairement aux feuillus denses comme le chêne ou l'érable, le palmier est léger, fibreux et peu résistant à la pression. Des expérimentations menées par Carl Lipo et Terry Hunt ont montré que des rondins de palmier se briseraient rapidement sous le poids des Moaïs, certains atteignant plus de 80 tonnes.
- L'absence de traces archéologiques. Si des milliers de rondins avaient été utilisés pour transporter les Moaïs, on devrait retrouver des traces visibles dans les sols, sous forme de résidus organiques ou de marques de frottement. Or, aucune preuve tangible de cette méthode n'a été découverte sur le terrain.
- La continuité des constructions après la disparition des forêts. Des datations ont révélé que les Rapa Nui ont continué à ériger des Moaïs même après la disparition des forêts, ce qui invalide l'idée que la perte des arbres aurait entraîné l'arrêt des constructions.

Face à ces contradictions, Lipo et Hunt ont proposé une alternative : les Moaïs auraient été transportés en position verticale en les "faisant marcher". Des expérimentations modernes ont montré qu'en attachant des cordes autour de la tête et de la base de la statue, une équipe coordonnée pouvait balancer la statue d'un côté à l'autre, lui permettant d'avancer sans nécessiter de rondins de bois. Cette méthode, inspirée des traditions orales des Rapa Nui, est aujourd'hui largement privilégiée par les chercheurs.

Si l'hypothèse du "transport vertical" fonctionne pour les Moaïs de taille modérée, elle ne suffit pas à expliquer comment les plus gigantesques ont été déplacés, ni pourquoi certains ont été laissés sur place, comme si leur transport était devenu impossible ou jamais achevé.

En effet, la théorie du « transport vertical » ne permet pas de résoudre l'énigme des plus grands et plus lourds Moaïs, notamment ceux pesant plus de 80 tonnes et mesurant jusqu'à 10 mètres de haut, sans parler du Moaï inachevé encore ancré dans la carrière du Rano Raraku, qui atteint 21,65 mètres pour un poids estimé à 170 tonnes.

Les expériences menées par Carl Lipo et Terry Hunt, qui ont démontré la faisabilité du "transport vertical" par basculement avec des cordes, ont été réalisées sur des reproductions de 5 tonnes seulement. Or, en extrapolant cette technique aux Moaïs les plus massifs, plusieurs problèmes apparaissent :

- La contrainte du poids et de la gravité. Les Moaïs les plus imposants sont non seulement extrêmement lourds, mais ils ont également un centre de gravité haut placé, ce qui les rend instables. Pour les déplacer sans basculer de manière incontrôlée, il aurait fallu une force de traction colossale et une synchronisation parfaite, d'autant plus que le terrain de l'île est accidenté.
- L'usure et la résistance des cordes. Les cordes utilisées par les Polynésiens étaient fabriquées à partir de fibres végétales comme le totora ou le hauhau. Si elles pouvaient supporter le poids des statues moyennes, il est peu probable qu'elles aient pu résister à des charges de plusieurs dizaines de tonnes sans se rompre. De plus, les frottements répétés sur la pierre volcanique rugueuse auraient rapidement affaibli ces cordes naturelles.
- Les distances et la coordination requises. Déplacer un Moaï de taille moyenne par basculement exige déjà une cinquantaine de personnes pour assurer une traction équilibrée. Mais pour un Moaï de 80 à 100 tonnes, voire plus, le nombre de participants

nécessaires aurait été bien supérieur, posant un problème logistique considérable sur une île où la population était limitée.

Quelle est la véritable ancienneté des Moaïs ?

Une autre question fondamentale entourant les Moaïs de l'île de Pâques concerne leur véritable âge. Quand ces statues colossales ont-elles été sculptées et érigées ? L'archéologie conventionnelle estime leur construction entre 1250 et 1500 de notre ère, mais ces datations reposent sur des méthodes indirectes, laissant place à des incertitudes et des controverses.

Les statues étant taillées dans du tuf volcanique, une roche inorganique, il est impossible de les dater directement par la méthode du carbone 14. L'archéologie traditionnelle utilise donc des techniques alternatives pour estimer leur âge, mais celles-ci sont sujettes à débat.

Puisqu'il est impossible de dater la pierre elle-même, les chercheurs ont cherché à dater ce qui entoure les Moaïs. Deux approches ont été privilégiées :

- La datation au carbone 14 sur des matériaux organiques retrouvés à proximité des Moaïs émergés

Cette méthode repose sur l'analyse d'échantillons de charbon de bois et de restes végétaux découverts sur les sites où les statues ont été sculptées, transportées et érigées.

Les résultats indiquent que l'activité humaine autour des Moaïs a eu lieu principalement entre 1250 et 1500 de notre ère, période qui correspondrait à la sculpture et à l'installation des statues.

Cependant, ces matériaux peuvent provenir d'activités humaines qui ne sont pas forcément liées à la construction des statues. Ce n'est pas parce que du charbon de bois est daté de 1400 qu'un Moaï à proximité a été sculpté à la même époque.

- La datation au carbone 14 des couches de sédiments entourant les Moaïs enfouis

De nombreux Moaïs sont enterrés sous plusieurs mètres de sédiments, et des analyses ont été réalisées sur les matériaux organiques piégés dans ces couches.

Les résultats obtenus sur les couches les plus profondes suggèrent une accumulation sédimentaire sur plusieurs millénaires, ce qui laisse entrevoir une présence potentiellement bien plus ancienne des statues.

Pourtant, ces datations ne sont pas prises en compte dans la chronologie officielle, car elles pourraient suggérer un âge incompatible avec l'histoire admise de l'île.

Si les deux méthodes donnent des résultats qui diffèrent considérablement, l'archéologie conventionnelle s'appuie uniquement sur la datation des matériaux trouvés autour des statues émergées, évitant ainsi toute remise en question de la chronologie établie.

Les incohérences dans la datation officielle

Les Moaïs émergés et érigés sur des ahu ont été datés par association avec des restes organiques trouvés à proximité, ce qui a conduit à fixer leur construction entre 1250 et 1500. Mais ceux encore enfouis posent problème.

Certaines statues sont recouvertes de plusieurs mètres de sédiments, ce qui implique une accumulation progressive de dépôts au fil du temps. Or, un enfouissement naturel sur seulement

500 à 800 ans semble peu probable, surtout sur une île où l'érosion et les dépôts de terre sont limités. Si l'on suit la logique géologique, ces statues devraient être beaucoup plus anciennes.

En 2017, des échantillons de matière organique ont été prélevés à la base de certaines statues enterrées afin de mieux comprendre leur âge. Pourtant, ces résultats n'ont toujours pas été publiés, ce qui soulève des interrogations. Pourquoi ce silence ? Si ces datations confirmaient la chronologie officielle, elles auraient été rendues publiques rapidement. Cette absence d'information laisse supposer que les résultats pourraient remettre en cause la datation traditionnelle des Moaïs.

Un âge bien plus ancien que prévu ?

L'enfouissement progressif des statues sur une période aussi courte que celle admise officiellement semble difficile à justifier. Certains chercheurs avancent l'hypothèse qu'un événement brutal, comme un mégatsunami, une activité volcanique ou un changement climatique extrême, aurait pu recouvrir ces statues en un laps de temps relativement court. D'autres suggèrent que ces statues pourraient être bien plus anciennes que ce que l'on prétend, remontant à une époque où l'île était peuplée par une civilisation antérieure aux Rapa Nui.

En parallèle, les similarités frappantes entre les Moaïs et d'autres sculptures monumentales dans le monde, comme celle de Göbekli Tepe en Turquie, laissent entrevoir la possibilité que ces statues aient une origine plus ancienne et plus globale, potentiellement liée à un réseau de civilisations ayant existé avant le déluge décrit dans de nombreuses traditions anciennes.

La question de l'âge réel des Moaïs reste donc ouverte. Tant que les résultats des datations organiques des statues enterrées ne seront pas rendus publics et que les méthodes de datation ne seront pas appliquées de manière plus exhaustive, l'hypothèse d'un âge plus ancien ne peut être écartée.

Partout sur la planète, des structures cyclopéennes semblent répondre à des lois oubliées. De l'île de Pâques à Gizeh, un même mystère plane : un savoir ancien aurait-il voyagé à travers les âges, reliant ces civilisations que tout semble pourtant opposer ?

Que l'on contemple les Moaïs, ces silhouettes hiératiques dressées face aux vents du Pacifique, ou le Sphinx de Gizeh, immobile sentinelle du désert égyptien, une question revient sans cesse : comment expliquer la maîtrise technique de sociétés dites « primitives », isolées dans le temps et l'espace, mais capables d'exploits que nous peinons encore à reproduire ?

Les similitudes sont troublantes : blocs titanesques taillés avec une précision défiant nos outils modernes, absence de récits gravés racontant leur érection, alignements célestes millimétrés, et, surtout, ce silence obstiné des pierres... comme si elles portaient un message oublié, murmuré à travers le temps par une mémoire enfouie sous la poussière des siècles.

Chapitre 5 : Le Mystère du Plateau de Gizeh – Le Sphinx, Gardien d'un Passé Oublié

Dominant les sables d'Égypte depuis des millénaires, le plateau de Gizeh abrite les monuments les plus fascinants de l'Antiquité. Pyramides titanesques, temples imposants et, veillant silencieusement sur l'ensemble du site, le Grand Sphinx, cette créature énigmatique mi-homme, mi-lion. Ce paysage, figé dans le temps, est une énigme, un défi lancé à l'histoire officielle et aux certitudes scientifiques.

Situé sur la rive ouest du Nil, aux portes du désert, ce vaste espace de plus de 8 km² ne se limite pas aux trois majestueuses pyramides et au Grand Sphinx. Il abrite également une multitude de structures annexes qui témoignent de l'importance et de la complexité de ce lieu, conçu selon les archéologues comme une nécropole royale et un centre religieux.

Mais le plateau de Gizeh demeure l'un des plus grands mystères de l'archéologie, un site où se côtoient des monuments d'une ingéniosité inégalée et des structures plus rudimentaires, laissant entrevoir une possible superposition de civilisations à travers le temps. Contrairement à l'idée communément admise d'une évolution architecturale linéaire, où les pyramides se seraient perfectionnées progressivement, tout semble indiquer que les pyramides de Gizeh et le Sphinx seraient plutôt le témoin d'un savoir perdu, où les constructions les plus anciennes sont paradoxalement les plus avancées.

Le Grand Sphinx apporte une pierre toute spécifique à ce mystère. Son érosion, atypique par rapport aux pyramides voisines, évoque une antiquité bien plus grande que celle admise par l'égyptologie conventionnelle.

Au sommet de cette énigme, la pyramide de Khéops se distingue comme une prouesse technique et scientifique qui défie encore aujourd'hui nos capacités d'analyse. Pourtant, aux côtés de cette pyramide, on trouve d'autres monuments, comme les mastabas et les pyramides satellites, qui, par leur conception plus rudimentaire, semblent appartenir à une autre tradition architecturale. Ces différences suggèrent une occupation du plateau sur plusieurs époques, avec des bâtisseurs aux compétences inégales.

Le plateau de Gizeh n'est pas seulement un site archéologique, c'est une invitation au doute, un livre de pierre dont chaque bloc semble raconter une histoire différente. Monument ultime du génie humain ou vestige d'un passé plus lointain que nous ne l'imaginons ? Entre érosion inexplicable, savoir-faire technologique ancien et absence de hiéroglyphes relatant leur construction, les pyramides et le Sphinx semblent défier les récits de l'archéologie conventionnelle.

Le Sphinx de Gizeh : gardien d'un passé oublié

Le Sphinx mesure environ 73 mètres de long de la patte avant à l'extrémité de sa queue, pour une largeur de 19 mètres et une hauteur de 20 mètres au sommet du crâne. Ces proportions impressionnantes en font l'un des plus grands monolithes sculptés au monde.

Le Sphinx a été directement sculpté dans la couche rocheuse du plateau de Gizeh, composée de trois types distincts de calcaire :

- La couche supérieure, plus dure, forme le sommet du crâne et la partie du dos.
- La couche médiane, plus tendre, a été utilisée pour la majeure partie du corps et a subi une forte érosion.

- La couche inférieure, également fragile, constitue les pattes avant et le socle du monument.

Cette composition explique pourquoi le corps du Sphinx est beaucoup plus érodé que la tête, qui a mieux résisté au temps. C'est aussi pour cette raison que certaines parties du monument ont dû être restaurées et consolidées à plusieurs reprises au cours de l'histoire.

Silencieux et immobile depuis des millénaires, le Grand Sphinx de Gizeh demeure sans doute l'un des monuments les plus mystérieux du patrimoine humain. Plus ancien que les pyramides qui le dominent, ce colosse de pierre au corps de lion et à la tête humaine semble défier le temps et les certitudes. Si l'égyptologie classique continue d'attribuer sa construction à l'époque de Khéphren, vers 2500 avant J.-C., des voix discordantes s'élèvent depuis plusieurs décennies pour proposer une lecture bien différente de ce monument énigmatique, où se mêlent indices géologiques, symboles astrologiques et mémoire de civilisations disparues.

Le Grand Sphinx de Gizeh, majestueux gardien de pierre tourné vers l'est, avec en arrière-plan la pyramide de Khéops. Crédit photo : Arralyn via Pexels

Pourquoi l'égyptologie associe le Sphinx à Khéphren ?

L'égyptologie traditionnelle attribue la construction du Sphinx de Gizeh à Khéphren, pharaon de la IVe dynastie qui régna entre 2520 et 2494 av. J.-C. Cette hypothèse repose sur plusieurs éléments archéologiques, historiques et architecturaux, qui, bien que déduits plutôt que prouvés directement, forment un consensus dominant parmi les égyptologues.

L'intégration du Sphinx dans le complexe funéraire de Khéphren

Le premier argument majeur en faveur de cette attribution repose sur la localisation du Sphinx au sein du plateau de Gizeh et sa relation avec les autres monuments qui s'y trouvent. Le Sphinx est situé à proximité immédiate de la pyramide de Khéphren, la deuxième plus grande pyramide d'Égypte après celle de Khéops. Ce lien de proximité avec un monument d'une telle ampleur suggère aux archéologues que les deux structures font partie d'un même projet architectural conçu sous le règne de Khéphren.

Dès les premières études du site au XIXe siècle, les égyptologues ont constaté que le temple du Sphinx et le temple de la vallée de Khéphren, situés côte à côte, présentent des similitudes architecturales frappantes. Ces deux édifices sont construits à partir des mêmes blocs massifs de calcaire et possèdent une disposition proche, ce qui laisse penser qu'ils ont été édifiés simultanément, dans le cadre du même programme de construction royale.

En effet, les temples de la vallée étaient des structures essentielles des complexes funéraires des pharaons de l'Ancien Empire. Ils servaient à accueillir le corps du roi avant son transport vers la pyramide pour l'enterrement. L'agencement du temple de Khéphren et celui du Sphinx suggère qu'ils ont été pensés ensemble, le Sphinx pouvant être un gardien symbolique du tombeau royal, une fonction qui s'inscrit dans la tradition égyptienne où les lions et les figures hybrides protégeaient les entrées des temples et des tombes.

L'orientation et la fonction symbolique du Sphinx dans la théologie royale

Dans la symbolique égyptienne, le lion représentait la force, la protection et la puissance royale. En dotant le Sphinx d'un visage humain, il incarne le pouvoir du pharaon en tant que souverain divin, un être qui combine la puissance du fauve et l'intelligence de l'homme. Cette iconographie se retrouve dans d'autres représentations de pharaons sous la forme du sphinx couché, notamment dans les périodes postérieures du Nouvel Empire.

Les égyptologues considèrent que le Sphinx de Gizeh, en tant que gardien du complexe pyramidal, représente Khéphren lui-même sous sa forme divinisée, veillant sur son royaume et son propre tombeau. Son emplacement stratégique, orienté vers l'est, lui permet d'être le premier à voir le Soleil se lever chaque matin, en lien direct avec le culte solaire qui prend une importance majeure sous la IVe dynastie.

Le pharaon Khéphren était un grand promoteur du culte du dieu Rê, et le Sphinx pourrait être une représentation terrestre de Rê-Horakhty, une divinité associant le dieu solaire Rê à Horus, le dieu céleste protecteur du pouvoir royal. Cette idée est renforcée par la stèle du Songe, érigée par le pharaon Thoutmôsis IV au XVe siècle av. J.-C. entre les pattes du Sphinx. Cette stèle mentionne que le monument était associé à un culte royal et solaire, ce qui correspond parfaitement à la vision qu'avait Khéphren du rôle du roi en tant que représentant de l'ordre cosmique sur terre.

L'iconographie et la ressemblance supposée avec Khéphren

L'un des arguments les plus couramment avancés pour attribuer le Sphinx à Khéphren repose sur la ressemblance du visage du Sphinx avec les statues connues de ce pharaon.

Les fouilles réalisées dans le temple de la vallée de Khéphren ont révélé une statue en diorite de ce roi, aujourd'hui conservée au Musée du Caire. Cette sculpture présente des traits que certains archéologues estiment proches de ceux du Sphinx : une expression sereine, une structure faciale marquée par un large menton et des pommettes saillantes. Les égyptologues considèrent que cette similitude constitue un indice supplémentaire reliant Khéphren au Sphinx, bien que cette comparaison repose sur une analyse subjective.

D'autres indices renforcent cette idée. Certaines statues de pharaons postérieurs ont été découvertes avec des traits très similaires à ceux du Sphinx, ce qui suggère une continuité stylistique dans la représentation royale sous la forme de sphinx. Le Sphinx de Gizeh pourrait ainsi être le premier exemple d'une tradition qui se perpétuera pendant des millénaires, confirmant son rôle de représentation royale et divine.

L'absence de mention du Sphinx avant la IVe dynastie

Un autre élément clé mis en avant par les égyptologues est l'absence de toute référence au Sphinx dans les documents antérieurs à la IVe dynastie. Les textes funéraires, les inscriptions et les archives de l'Ancien Empire ne mentionnent aucune structure similaire avant cette époque. Pour les partisans de la datation traditionnelle, cela signifie que le Sphinx n'existait pas avant le règne de Khéphren et qu'il a été construit en même temps que son complexe funéraire.

Les traces les plus anciennes associées au Sphinx apparaissent après la IVe dynastie, notamment sous Thoutmôsis IV, qui relança son culte plusieurs siècles plus tard. Aucun texte antérieur ne mentionne un monument de cette ampleur, ce qui, selon les égyptologues, confirme qu'il a été construit sous Khéphren et qu'il n'a pas de lien avec une civilisation plus ancienne.

L'intégration architecturale dans la chronologie des pyramides

Enfin, les égyptologues placent le Sphinx dans une chronologie qui correspond aux évolutions architecturales de l'Ancien Empire. La construction de pyramides et de temples monumentaux se développe progressivement depuis la IIIe dynastie, avec les premières expériences en pierre réalisées par Djoser et son architecte Imhotep. La IVe dynastie, avec Snefrou, Khéops et Khéphren, marque l'apogée de cette tradition.

Dans cette logique, il semble cohérent que Khéphren ait voulu surpasser les réalisations de son père Khéops en intégrant un monument aussi spectaculaire que le Sphinx à son complexe funéraire. Ce serait une extension naturelle de la tradition des pyramides, confirmant le rôle central du pharaon en tant que maître de l'architecture sacrée et garant de l'ordre cosmique.

Bien que cette hypothèse soit largement acceptée, elle repose essentiellement sur des déductions et aucune preuve formelle, telle qu'une inscription ou un cartouche attestant du commanditaire du Sphinx, n'a jamais été retrouvée. L'absence de texte gravé sur la statue elle-même continue d'alimenter les interrogations, laissant la porte ouverte à d'autres interprétations sur son origine et sa véritable ancienneté.

Pourquoi l'attribution du Sphinx à Khéphren est contestable ?

Bien que l'égyptologie traditionnelle attribue la construction du Sphinx de Gizeh au pharaon Khéphren, cette hypothèse repose principalement sur des déductions indirectes et non sur des preuves formelles. Depuis plusieurs décennies, de nombreux chercheurs, géologues et égyptologues indépendants ont remis en question cette attribution, pointant l'absence d'éléments concrets et plusieurs incohérences archéologiques et géologiques.

Aucune inscription ne relie le Sphinx à Khéphren

L'argument le plus frappant contre cette association est l'absence totale d'inscription liant formellement Khéphren au Sphinx. Cette absence est d'autant plus troublante que les pharaons de l'Ancien Empire avaient pour habitude de graver leurs noms sur les monuments qu'ils faisaient ériger, affirmant ainsi leur pouvoir et leur postérité. Si Khéphren avait bien commandité la construction du Sphinx, pourquoi n'existe-t-il aucun cartouche, aucune stèle, aucune inscription datant de son règne qui atteste de cette réalisation ? Cette lacune est une anomalie inexplicable dans la tradition monumentale égyptienne.

Le temple du Sphinx n'est pas exclusivement rattaché à Khéphren

L'égyptologie traditionnelle considère que le temple du Sphinx et le temple de la vallée de Khéphren ont été construits ensemble, suggérant ainsi un même programme architectural. Pourtant, cette hypothèse ne tient pas face à une analyse plus détaillée des blocs de pierre utilisés. Les blocs du temple du Sphinx ont été extraits directement de l'enceinte rocheuse qui entoure la statue lors de son creusement. Or, ces blocs sont bien plus érodés que ceux du temple de Khéphren, indiquant qu'ils ont été exposés aux intempéries pendant une période beaucoup plus longue. Cette différence d'érosion est un indice que le temple du Sphinx est bien plus ancien que la pyramide et le temple de Khéphren, ce qui remet en question leur supposée simultanéité de construction. De plus, certains blocs du temple du Sphinx ont été réutilisés dans des constructions ultérieures, ce qui suggère que ce temple aurait été démantelé en partie bien avant l'époque de Khéphren. Cette constatation est incompatible avec l'idée qu'il aurait été bâti en même temps que le temple de la vallée.

Le visage du Sphinx ne correspond pas à celui de Khéphren

L'argument selon lequel le Sphinx représenterait le visage de Khéphren repose sur une interprétation subjective. Plusieurs experts, dont Frank Domingo, spécialiste en reconstitution faciale pour le FBI, ont analysé en détail les proportions du Sphinx et les ont comparées à celles du buste de Khéphren. Ses conclusions sont sans appel : les traits du Sphinx ne correspondent pas à ceux de Khéphren. Le Sphinx présente un visage plus large, des pommettes plus saillantes et un menton plus court, ce qui ne correspond pas aux proportions des statues de Khéphren. Il a également un crâne allongé, une caractéristique que l'on ne retrouve pas dans les représentations officielles du pharaon. Ces différences morphologiques suggèrent que le Sphinx pourrait avoir été sculpté bien avant l'époque de Khéphren et qu'il représente un souverain ou une figure inconnue.

L'absence de mentions du Sphinx dans les textes de l'Ancien Empire

Un autre point troublant réside dans l'absence totale de références au Sphinx dans les textes datant du règne de Khéphren et des dynasties suivantes de l'Ancien Empire. Alors que les pyramides et autres monuments majeurs de Gizeh sont abondamment mentionnés dans les documents officiels, le Sphinx n'apparaît dans aucun texte avant le Nouvel Empire, soit près de 1000 ans après Khéphren.

Ce silence est inexplicable si le Sphinx avait effectivement été construit par Khéphren. Si un pharaon avait fait ériger une statue aussi gigantesque à son image, elle aurait nécessairement été célébrée dans des inscriptions officielles, des fresques ou des textes funéraires. Or, aucun document de l'Ancien Empire ne mentionne la construction du Sphinx ni ne l'associe à un souverain précis.

La première référence écrite au Sphinx apparaît sous Thoutmôsis IV (XVIIIe dynastie), sur la stèle du Songe, qui évoque une statue déjà enfouie sous le sable. Cela suggère que le Sphinx était déjà un monument ancien et oublié à cette époque, ce qui n'aurait pas été le cas s'il avait été construit sous Khéphren quelques siècles auparavant.

Les incohérences de la thèse officielle, associées aux données géologiques et architecturales, ont conduit plusieurs chercheurs à envisager une origine bien plus ancienne pour le Sphinx. L'absence d'inscriptions contemporaines et les différences stylistiques avec l'architecture de Khéphren sont déjà de solides arguments pour affirmer que ce monument aurait pu être hérité par les Égyptiens de l'Ancien Empire, qui se seraient contentés de le restaurer ou de le réutiliser à des fins symboliques et religieuses.

En l'état actuel des connaissances, aucune preuve formelle n'atteste que Khéphren ait réellement été le bâtisseur du Sphinx. D'autres chercheurs ont ouvert la voie à de nouvelles explications sur l'origine et la fonction du Sphinx.

La thèse géologique de Robert Schoch : un bouleversement dans la chronologie de l'Égypte antique

Dans les années 1990, Robert Schoch, géologue et professeur à l'université de Boston, remet en cause l'attribution traditionnelle du Sphinx de Gizeh à la IVe dynastie égyptienne et propose une réévaluation radicale de son ancienneté. En s'appuyant sur une analyse géologique approfondie, il arrive à la conclusion que le Sphinx est bien plus ancien que l'Ancien Empire, ce qui bouleverse la chronologie officielle de l'histoire égyptienne et soulève des questions fondamentales sur l'existence possible d'une civilisation pré-pharaonique.

L'observation clé : une érosion incompatible avec le climat du Sahara actuel

Tout commence lorsqu'il examine l'état d'érosion du Sphinx et de son enceinte rocheuse. Contrairement aux pyramides et aux autres monuments du plateau de Gizeh, qui montrent une érosion horizontale causée par le vent et le sable, le Sphinx présente des stries verticales profondes et des contours adoucis, caractéristiques d'une érosion hydrique, c'est-à-dire provoquée par une exposition prolongée à de fortes précipitations.

Schoch note que ces marques ne se limitent pas à la statue elle-même mais sont également visibles sur les parois de l'enceinte qui l'entoure. Cette enceinte, creusée à même la roche pour dégager le corps du Sphinx, porte les mêmes traces d'altération par l'eau, ce qui prouve que ces surfaces ont été exposées à un climat humide pendant une période prolongée.

Or, l'Égypte actuelle est un pays aride, et la région de Gizeh est un désert depuis au moins 5 000 ans. Les archives climatiques indiquent que la dernière période de pluies abondantes dans cette zone remonte à la fin du Néolithique, soit entre 7000 et 5000 av. J.-C., voire encore plus tôt. En d'autres termes, l'érosion visible sur le Sphinx ne peut pas être expliquée par les conditions climatiques qui ont régné en Égypte depuis l'époque pharaonique.

Parmi les tentatives d'explication, une hypothèse intermédiaire a été proposée : et si le Sphinx avait été sculpté dans un affleurement rocheux déjà marqué par l'érosion ?

Selon cette théorie, les bâtisseurs n'auraient pas attendu que le Sphinx soit entièrement modelé par le temps, mais auraient exploité un plateau calcaire qui portait déjà des traces d'altération naturelle, résultant de conditions climatiques plus anciennes. Ce substrat aurait conservé les stigmates de périodes humides antérieures, et les sculpteurs auraient simplement adapté leur œuvre aux formes préexistantes de la roche. Dans cette optique, les marques verticales et arrondies visibles aujourd'hui ne seraient pas nécessairement postérieures à la sculpture du Sphinx, mais pourraient être les vestiges d'une érosion préexistante.

Cette hypothèse permet de concilier l'érosion hydrique ancienne avec la chronologie classique de l'Égypte pharaonique, en maintenant l'attribution du Sphinx à Khéphren. Elle évite ainsi de postuler l'existence d'une civilisation avancée inconnue avant les dynasties égyptiennes.

Bien que séduisante, cette théorie soulève plusieurs problèmes. Si l'érosion était antérieure à la sculpture du Sphinx, alors les bâtisseurs auraient nécessairement dû retailler et lisser les parois de l'enceinte pour façonner le monument. Pourtant, les stries verticales d'érosion sont encore visibles et parfaitement continues sur ces surfaces, ce qui suggère qu'elles sont apparues après la taille du Sphinx, et non avant. De plus, certaines sections du monument et de son enceinte présentent une érosion plus marquée que d'autres, ce qui indique que l'ensemble du site n'a pas été exposé aux intempéries de manière uniforme. Cela contredit l'idée que le Sphinx ait simplement été sculpté dans une roche déjà altérée et renforce l'hypothèse qu'il ait subi une érosion hydrique postérieure à sa construction.

Un mystère toujours irrésolu

La thèse de Robert Schoch repose sur une analyse géologique rigoureuse qui remet en cause l'attribution du Sphinx à Khéphren. L'érosion hydrique qu'il observe indique une origine bien plus ancienne, suggérant que le monument date d'une époque où le climat égyptien était encore humide. Les critiques opposées à cette hypothèse tentent de réconcilier les données géologiques avec la chronologie officielle, mais aucune explication alternative ne parvient à éliminer toutes les contradictions.

La question de la tête du Sphinx : roi, lion ou héritage oublié ?

Si le corps du Sphinx soulève de nombreux débats quant à son âge et son érosion, la tête, elle, concentre également son lot de mystères et d'hypothèses contradictoires. C'est en elle que se cristallisent les débats entre l'égyptologie classique et les partisans d'une histoire bien plus ancienne du monument.

La thèse classique : un portrait de Khéphren

Comme nous l'avons vu, pour l'écrasante majorité des égyptologues, la tête du Sphinx représente tout simplement le pharaon Khéphren. Cette interprétation repose en partie sur des arguments stylistiques, l'idée étant que le Sphinx aurait été façonné à l'image de son pharaon commanditaire, mêlant la puissance royale à celle du lion couché, symbole de force et de protection.

Cependant, ce lien iconographique reste fragile. Le Sphinx, tel qu'il nous apparaît aujourd'hui, montre un visage disproportionné par rapport à son corps : la tête semble presque petite, comme si elle avait été retaillée à même un corps bien plus ancien. Cette incohérence morphologique intrigue depuis longtemps.

La thèse d'une tête remaniée : du lion au pharaon

Certains chercheurs, notamment ceux qui défendent l'antériorité du Sphinx par rapport à l'Ancien Empire, avancent l'hypothèse que la tête visible aujourd'hui n'est pas celle d'origine. Selon eux, à l'origine, le Sphinx aurait porté non pas le visage d'un souverain, mais une tête de lion, cohérente avec l'ensemble de son corps massif et allongé, et avec la symbolique universelle du lion comme gardien solaire, protecteur du territoire sacré et figure de puissance primordiale.

Cette thèse repose sur plusieurs observations :

- La disproportion entre la tête et le corps : si l'on suppose qu'à l'origine la tête était plus grande, dans les mêmes proportions que le reste du monument, cela aurait permis un visage plus massif, digne de la puissance du corps du lion.
- Des traces visibles de retaillage : certains spécialistes pensent voir, sur les contours du visage et du némès (le couvre-chef royal), des indices suggérant que la roche aurait été réajustée pour sculpter un visage humain à partir d'un bloc déjà réduit.
- Le contexte symbolique : un lion monumental, tourné vers l'Est et le lever du soleil, aurait été parfaitement adapté à des cultes solaires très anciens, antérieurs même aux dynasties historiques, renforçant l'idée d'un Sphinx pré-pharaonique dédié à des rituels liés au cycle cosmique.

Dans cette perspective, la thèse défendue est la suivante : le Sphinx aurait été sculpté dans un passé très ancien (parfois daté de 7000 à 10 000 avant J.-C., voire plus), sous la forme d'un gigantesque lion couché, gardien du plateau et peut-être vestige d'une culture disparue. Puis, bien plus tard, sous l'Ancien Empire, lorsqu'une nouvelle civilisation s'est installée sur le plateau de Gizeh, les Égyptiens auraient "hérité" de ce monument colossal. Plutôt que de l'effacer ou de le détruire, ils l'auraient intégré à leur propre idéologie royale en retaillant la tête pour lui donner les traits du pharaon régnant, probablement Khéphren. Ce geste aurait eu pour fonction de s'approprier la puissance symbolique de l'ancien Sphinx, en le réinsérant dans la propagande dynastique.

Cependant, il existe un obstacle technique majeur à cette idée de transformation. Le calcaire dans lequel est taillé le Sphinx est extrêmement fragile, et il n'est pas certain qu'il aurait été possible de réduire significativement la tête sans fragiliser gravement la structure entière. D'autre part, les traces de retaillage supposées sont contestées, certains les considérant comme de simples effets de l'érosion naturelle ou des restaurations tardives.

Enfin, il faut noter que les Égyptiens avaient plutôt tendance à restaurer fidèlement les monuments anciens, même lorsqu'ils les réutilisaient, et qu'il n'existe pas d'autre exemple clair d'un visage totalement refait à une telle échelle.

Synthèse du débat

En résumé, deux grandes visions s'opposent :

- La vision classique, où le Sphinx aurait été conçu d'un seul bloc vers 2500 avant J.-C., avec le visage de Khéphren, comme une œuvre cohérente, tant sur le plan artistique que politique.
- La vision alternative, dans laquelle le Sphinx serait un monument bien plus ancien, originellement doté d'une tête de lion proportionnée, plus tard reprise et transformée par les Égyptiens pour lui donner l'apparence d'un pharaon, marquant ainsi la transition entre une mémoire très ancienne et la nouvelle idéologie royale.

Le mystère demeure, d'autant plus que la tête du Sphinx a subi d'importants dommages et restaurations, notamment à l'époque moderne. Pourtant, cette disproportion troublante entre la tête et le corps continue d'alimenter l'idée qu'un autre visage, plus ancien, plus massif, plus bestial peut-être, sommeille sous les traits érodés du pharaon.

Le Sphinx, lion primordial et gardien des astres

Si l'on suit l'hypothèse selon laquelle le Sphinx aurait d'abord été sculpté sous la forme d'un lion, bien avant les pharaons, une nouvelle grille de lecture symbolique et cosmique apparaît, reliant le monument à un temps où l'homme observait le ciel non seulement pour survivre, mais aussi pour donner un sens profond à son existence.

Si Robert Schoch s'est rendu célèbre pour avoir repoussé la datation du Sphinx à une époque bien antérieure à l'Égypte pharaonique, autour de 7000 à 5000 avant J.-C., d'autres auteurs, plus audacieux encore, n'ont pas hésité à inscrire le monument dans un passé encore plus lointain, remontant jusqu'à 10 500 avant J.-C., au tournant de l'ère du Dryas récent.

Selon cette lecture, le Sphinx aurait été érigé à ce moment précis, dans un contexte climatique et astronomique unique. Tandis que la Terre sortait lentement de la dernière glaciation, les anciens bâtisseurs auraient voulu immortaliser dans la pierre un message céleste : celui du Lion, gardien de l'Est, aligné avec la constellation éponyme qui, à cette époque, s'élevait exactement dans l'axe du Sphinx lors de l'équinoxe de printemps.

Le climat qui suivit cette époque, marqué par d'importantes périodes de pluies, aurait alors lentement raviné le corps du Sphinx, creusant les stries profondes et arrondies que l'on observe aujourd'hui. C'est cette érosion hydrique, étalée sur plusieurs millénaires, que Robert Schoch identifie, bien qu'il place lui-même la taille initiale du monument quelques millénaires plus tard, dans la dernière phase humide précédant le désert actuel.

Dans cette vision plus radicale, le Sphinx devient alors le dernier vestige d'une civilisation oubliée, peut-être détruite par les bouleversements climatiques du Dryas récent, période de chaos où le monde aurait connu des cataclysmes brutaux — inondations, chutes de température extrême, perturbations écologiques massives. Ce serait donc à la fois un monument astronomique, un marqueur d'époque et peut-être un mémorial silencieux d'un âge d'or disparu, oublié des traditions et effacé par le temps.

Dans cette perspective, le Sphinx serait moins une simple sentinelle de pierre qu'un gardien cosmique, posé là pour incarner la liaison entre la Terre et les astres. Il devient alors essentiel de regarder vers les constellations et les cycles célestes pour tenter de comprendre l'intention des mystérieux bâtisseurs.

Or, c'est ici que la constellation du Lion (Leo) entre en jeu. Depuis les travaux de chercheurs comme John Anthony West et, dans une moindre mesure, Robert Schoch, une idée s'est imposée dans les cercles alternatifs de l'archéologie alternative : le Sphinx serait précisément orienté pour saluer le lever du Soleil à l'est, lors de l'équinoxe de printemps. Et si l'on recule dans le temps, grâce au phénomène de la précession des équinoxes — ce lent glissement des positions des étoiles sur une période d'environ 26 000 ans —, on découvre qu'autour de 10 500 avant J.-C., c'est justement la constellation du Lion qui se levait face au Sphinx à l'équinoxe.

Autrement dit, au moment où, selon certains, le Sphinx aurait pu être érigé (si l'on suit les théories les plus audacieuses proposant une datation vers 10 500 av. J.-C.), l'horizon oriental aurait vu surgir à l'aube non seulement le Soleil, mais également la figure céleste du Lion. L'animal sculpté et l'animal céleste se répondaient alors dans une parfaite harmonie cosmique, comme si la statue de pierre avait été conçue pour être le double terrestre d'une constellation gardienne, dans un jeu de miroir sacré entre le ciel et la terre.

Ce Sphinx-lion originel aurait alors incarné la force solaire, la permanence cyclique et la vigilance sur les âges. Un tel monument, taillé dans la roche alors que les déserts n'étaient encore que savanes fertiles, aurait pu servir de repère astronomique, de marqueur de temps, ou même de lieu rituel destiné à célébrer les équinoxes et les grands cycles précessionnels. Il serait devenu, pour ceux qui l'ont bâti, le garant de la mémoire des âges, fixant dans la pierre la trace d'un savoir astronomique ancien, peut-être même antérieur à ce que l'on considère comme la naissance de la civilisation.

Dans ce scénario, les Égyptiens de l'Ancien Empire n'auraient fait que récupérer et restaurer ce qu'une civilisation antérieure avait laissé derrière elle. Incapables, peut-être, d'en comprendre toute la portée, ils auraient néanmoins deviné la puissance symbolique du monument et décidé de lui offrir un nouveau visage — humain cette fois — afin de l'intégrer à leur propre mythe royal et solaire. Ce geste, loin d'effacer l'empreinte originelle, aurait scellé l'alliance entre le passé oublié et le pouvoir pharaonique naissant.

Ainsi, sous le visage abîmé du pharaon se cacherait encore, dans la mémoire de la pierre, l'ombre d'un lion cosmique, témoin silencieux d'un temps où les hommes regardaient les étoiles non pas pour les contempler, mais pour s'y inscrire.

Les Recherches Technologiques sur le Sphinx : Que Révèlent les Analyses Modernes ?

Avec l'avènement des technologies modernes, de véritables explorations scientifiques du monument ont pu être menées. Grâce aux avancées en géophysique, en imagerie par résonance acoustique et en tomographie souterraine, des analyses approfondies ont permis de révéler des anomalies structurelles sous le Sphinx, ouvrant la voie à de nouvelles interrogations sur son histoire et sa fonction.

Dès les années 1920, des archéologues et explorateurs commencent à noter la présence de puits et de cavités autour du Sphinx. L'égyptologue Selim Hassan, en menant des fouilles entre 1925 et 1936, découvre plusieurs galeries souterraines, notamment un tunnel situé près des pattes avant de la statue. Ses rapports font mention de chambres inexplorées, mais faute de moyens techniques suffisants, les recherches ne sont pas poursuivies.

L'intérêt pour d'éventuelles structures cachées sous le Sphinx connaît un nouvel essor dans les années 1980, lorsque Mark Lehner, en collaboration avec une équipe japonaise, réalise des analyses radar du sous-sol. Ces études révèlent des anomalies géophysiques sous le monument, suggérant la présence de cavités ou de galeries creusées dans la roche.

En 1991, une avancée majeure est réalisée grâce à l'équipe de Thomas Dobecki et John Anthony West, qui utilisent une tomographie par résonance acoustique pour sonder le sous-sol du Sphinx. Leurs résultats confirment la présence de plusieurs chambres et passages souterrains, notamment une cavité symétrique située sous les pattes avant. Cette découverte relance les spéculations quant à la possibilité d'un réseau de tunnels reliant le Sphinx aux pyramides voisines.

L'analyse des données radar a permis d'identifier au moins quatre cavités principales sous le Sphinx :

- Une chambre sous les pattes avant, révélée par la tomographie de 1991. Elle semble être une cavité artificielle, mais aucun accès direct n'a encore été trouvé.
- Un tunnel latéral, situé près de la hanche droite du Sphinx, qui pourrait s'étendre sous le monument.
- Une anomalie sous l'arrière du Sphinx, détectée par plusieurs relevés radar, suggérant la présence d'une structure souterraine inconnue.
- Un puits vertical, découvert dans les années 1920 et rouvert brièvement par l'égyptologue Zahi Hawass dans les années 1990. Ce puits semble descendre jusqu'à une profondeur de plusieurs mètres, mais sa fonction exacte reste un mystère.

Ces découvertes posent une question fondamentale : ces structures sont-elles naturelles, résultant d'effondrements et de fissures dans le calcaire, ou bien ont-elles été creusées intentionnellement par une civilisation ancienne ?

Que contiennent ces cavités ?

Si l'existence de galeries sous le Sphinx semble avérée, la question de leur contenu demeure sans réponse définitive. Certains chercheurs estiment que ces chambres pourraient contenir des textes anciens, des artefacts rituels ou même des preuves d'une civilisation pré-dynastique.

L'une des théories les plus populaires provient des écrits du médium Edgar Cayce, qui affirmait que le Sphinx renfermait une "Chambre des Archives", une bibliothèque souterraine préservant les connaissances de l'Atlantide. Bien que cette hypothèse relève du domaine ésotérique, elle a motivé plusieurs recherches, notamment celles financées par l'Institut Edgar Cayce dans les années 1990.

Toutefois, aucune exploration officielle n'a encore permis d'accéder à ces cavités. Les autorités égyptiennes, notamment sous la direction de Zahi Hawass, ont longtemps affirmé que ces anomalies étaient des fissures naturelles, rejetant les spéculations sur l'existence de chambres secrètes.

Malgré les indices révélés par les technologies modernes, les fouilles directes sous le Sphinx restent limitées. Plusieurs raisons expliquent ce manque d'exploration approfondie :

- La fragilité du monument : le Sphinx est déjà très érodé, et toute excavation supplémentaire pourrait l'endommager davantage.
- Les restrictions gouvernementales : les fouilles sur le plateau de Gizeh sont strictement contrôlées, et l'accès aux zones souterraines est souvent limité aux recherches officielles.
- La crainte de découvertes remettant en cause l'histoire établie : certains chercheurs suggèrent que des preuves d'une civilisation antérieure aux pharaons pourraient être

enfouies sous le Sphinx, une hypothèse qui reste largement rejetée par l'égyptologie conventionnelle.

Conclusion : un gardien qui refuse de livrer ses secrets

Malgré des siècles de recherches et les avancées technologiques modernes, le Sphinx de Gizeh conserve une grande part de mystère. Les analyses géologiques remettant en cause sa datation officielle, les anomalies souterraines détectées sous sa structure et l'absence de preuves formelles le reliant à Khéphren sont autant d'éléments qui brouillent les pistes et alimentent les débats.

Les galeries et cavités détectées sous le Sphinx soulèvent des questions fondamentales : sont-elles naturelles ou le fruit d'un travail humain ancien ? Contiennent-elles des artefacts ou des inscriptions susceptibles de réécrire l'histoire des origines de l'Égypte ? Pour l'instant, les explorations officielles restent limitées, et les hypothèses les plus audacieuses sont rejetées par l'égyptologie conventionnelle.

En attendant que de nouvelles découvertes viennent éclairer ces énigmes, le Sphinx demeure un symbole intemporel de la grandeur des civilisations passées, un témoin silencieux d'une histoire peut-être encore plus ancienne que ce que l'on imagine. Gardien du plateau de Gizeh, il continue d'observer les siècles défiler, conservant ses secrets dans la pierre et sous le sable, défiant les chercheurs à percer son énigme.

Chapitre 6 : Les Pyramides d'Égypte : Un Héritage énigmatique

L'Égypte : Terre des Pyramides

L'Égypte, berceau de l'une des plus anciennes civilisations de l'humanité, est indissociable de l'image de ses pyramides. Ces structures titanesques, surgissant du désert avec une majesté intemporelle, continuent de captiver l'imaginaire collectif. Officiellement, les archéologues en ont recensé entre 118 et 138 à travers le territoire. Ce nombre n'est toutefois pas figé, car de nouvelles découvertes archéologiques continuent de modifier notre perception de l'étendue réelle de ce patrimoine monumental.

Fait intéressant, ces pyramides ne sont pas dispersées de manière aléatoire. Elles sont presque toutes situées sur la rive occidentale du Nil, alignées le long d'un axe s'étirant du nord au sud, non loin de l'ancienne capitale de Memphis. Cette répartition soulève une multitude de questions. Pourquoi cet alignement ? Pourquoi cette préférence pour la rive ouest ? Était-ce lié à des considérations symboliques, pratiques, religieuses, ou même astronomiques ? Certains chercheurs proposent des hypothèses plus audacieuses, suggérant que ces implantations répondraient à des critères énergétiques, telluriques ou encore géodésiques encore mal compris. La dimension cosmique ou même géo-sacrée de ces choix reste aujourd'hui un champ d'investigation ouvert.

Le paradoxe de la chronologie : une logique contestée

L'un des paradoxes majeurs de l'égyptologie réside dans sa façon d'interpréter chronologiquement les pyramides. Le récit académique dominant présente une évolution architecturale linéaire. Selon cette vision, les pyramides les plus anciennes seraient les plus rudimentaires, et la sophistication serait progressivement apparue, culminant avec les pyramides de Gizeh – considérées comme l'apogée d'un savoir-faire acquis de manière empirique.

Ce modèle, séduisant car en adéquation avec notre conception moderne du progrès, repose sur une logique de perfectionnement continu. Les erreurs des débuts auraient été corrigées dynastie après dynastie, chaque génération de bâtisseurs affinant les techniques, améliorant les matériaux et optimisant les plans. Pourtant, les données archéologiques contredisent largement cette narration.

Si la progression avait été linéaire, les pyramides postérieures à celles de Gizeh auraient dû surpasser leurs devancières en grandeur, précision et stabilité. Or, on observe exactement l'inverse. Dès la Ve dynastie, les pyramides deviennent plus petites, plus fragiles, et souvent réalisées avec des matériaux de moindre qualité, comme la brique de terre crue. Des monuments tels que ceux de Pépi II, Mérenrê ou encore Ounas, ne subsistent aujourd'hui que sous forme de ruines informes, rongées par le temps.

Même les pyramides de Dahchour, construites sous le règne de Snéfrou, pourtant père de Khéops, présentent des faiblesses structurelles. La pyramide rhomboïdale, par exemple, a dû voir son angle modifié en cours de construction à cause d'une inclinaison trop abrupte menaçant sa stabilité. Cela semble indiquer une phase de tâtonnement, d'apprentissage. Mais alors, comment expliquer que, juste après, surgissent les pyramides de Gizeh, dont la perfection dépasse de loin tout ce qui a été fait avant… et après ?

Cela suggère que les pyramides de Gizeh ne sont pas les fruits d'une lente maturation technique, mais les témoins d'un savoir déjà pleinement maîtrisé, dont les origines pourraient être plus anciennes qu'on ne le pense. Peut-être même sont-elles l'héritage d'une tradition architecturale perdue.

Des Mastabas aux Premières Expérimentations Architecturales : Une Évolution en Trompe-l'Œil ?

Avant l'avènement des pyramides, les Égyptiens enterraient leurs morts dans de simples fosses, recouvertes de dalles ou de pierres. Au fil du temps, ces sépultures évoluèrent en mastabas, des constructions rectangulaires à parois inclinées, souvent faites de briques crues ou de pierre taillée. Ces édifices, plus élaborés, reflétaient déjà une hiérarchisation sociale : plus le personnage était influent, plus la tombe était monumentale.

Un mastaba typique comprenait un puits vertical descendant vers la chambre funéraire et une chapelle adjacente pour les offrandes. Sur le mur, une fausse porte symbolisait le passage vers l'au-delà, permettant à l'âme du défunt d'interagir avec les vivants. Dès la fin du Néolithique (vers 6000 av. J.-C.) jusqu'au début de la IIIe dynastie, ces structures témoignaient d'une complexité croissante.

Cependant, un événement décisif survint sous le règne de Djéser. Ce pharaon visionnaire, qui inaugura la IIIe dynastie, fit appel à Imhotep, son architecte et conseiller, pour concevoir un monument funéraire d'un genre nouveau. C'est à Saqqarah que naquit ainsi la première pyramide à degrés : un mastaba agrandi à plusieurs reprises par superposition verticale.

La pyramide de Djéser, atteignant 60 mètres de hauteur, ne fut pas seulement un tombeau. Elle marqua une révolution architecturale. Le complexe de Saqqarah comportait des enceintes monumentales, des cours, des colonnades et un réseau de galeries souterraines. Ce fut la première fois que la pierre de taille fut utilisée à si grande échelle. Cette expérimentation posa les bases de l'architecture pyramidale à venir.

Dahchour : Le Laboratoire des Pyramides Lisses sous Snéfrou

Avec l'arrivée de Snéfrou, premier pharaon de la IVe dynastie, l'Égypte entre dans une période d'intenses expérimentations architecturales. Snéfrou lança à lui seul la construction de plusieurs pyramides majeures, principalement à Meïdoum et à Dahchour. Ces projets, bien qu'imparfaits, furent essentiels à l'élaboration des techniques de construction pyramidale.

La Pyramide Rhomboïdale : Un Échec Instructif

La pyramide rhomboïdale de Dahchour illustre bien les tâtonnements de cette époque. Initialement conçue avec un angle très raide (environ 54°), elle dut être modifiée en cours de chantier, l'angle passant à 43°, pour éviter un effondrement. Ce changement confère à la pyramide sa forme particulière, à la silhouette brisée.

Plusieurs facteurs expliquent cette modification : instabilité du sol, mauvaise évaluation du poids des blocs ou manque d'expertise dans le calcul des contraintes. Pourtant, ce semi-échec fut riche d'enseignements pour les bâtisseurs.

La Pyramide Rouge : L'Aboutissement d'un Premier Cycle

Forte des leçons tirées, l'équipe de Snéfrou conçoit une nouvelle pyramide : la pyramide rouge. Moins haute, mais plus stable, elle marque la première réalisation réussie d'une pyramide à faces lisses. Sa construction témoigne d'une avancée technique majeure. Elle est souvent considérée comme la préfiguration de ce que sera, quelques années plus tard, la Grande Pyramide.

Les Pyramides de Gizeh : L'Apogée d'un Savoir Perdu ?

Sur le plateau de Gizeh, trois pyramides dominent l'horizon : celles de Khéops, Khéphren et Mykérinos. Ensemble, elles forment un alignement presque parfait, tant dans leur disposition que dans leur orientation astronomique. Mais au-delà de leur esthétique, ce sont leurs caractéristiques techniques qui interrogent.

La pyramide de Khéphren, bien qu'un peu plus basse que celle de son père Khéops, donne l'illusion d'être plus grande en raison de sa position sur une butte. Elle conserve encore une partie de son revêtement originel en calcaire poli, offrant un aperçu saisissant de l'éclat que devaient avoir ces monuments à leur achèvement.

Quant à la pyramide de Mykérinos, elle est beaucoup plus modeste en taille, mais se distingue par l'usage de granit rouge dans la partie inférieure de son parement. Ce matériau, bien plus difficile à travailler que le calcaire, témoigne d'un soin particulier, peut-être à des fins symboliques.

Khéops : Le Mystère des Méthodes de Construction

La Grande Pyramide de Khéops, qui culmine initialement à 146,6 mètres (138,8 mètres aujourd'hui), reste la plus énigmatique. Non pas seulement à cause de sa taille, mais parce que sa construction défie toujours les explications modernes. Plusieurs théories ont été proposées pour expliquer comment les anciens Égyptiens auraient pu assembler 2,3 millions de blocs de pierre pesant chacun entre 2,5 et 70 tonnes.

Parmi les hypothèses les plus répandues :

- **La rampe frontale** : un immense plan incliné de plusieurs kilomètres aurait été utilisé pour acheminer les blocs. Toutefois, cette théorie pose des problèmes de faisabilité technique, notamment en termes de matériaux requis et d'espace disponible.
- **La rampe hélicoïdale interne** : selon l'architecte Jean-Pierre Houdin, une rampe aurait été construite à l'intérieur de la pyramide, en spirale. Cette théorie séduit par sa cohérence, mais reste difficile à valider sans fouilles intrusives.
- **Les contrepoids et leviers** : d'autres suggèrent un usage ingénieux de systèmes de leviers, de poulies rudimentaires ou de contrepoids. Cependant, aucun dispositif de ce genre n'a été retrouvé.
- **La lubrification des chemins** : certaines expériences modernes ont montré que de simples techniques comme l'arrosage du sable devant les traîneaux pouvaient réduire considérablement le frottement.

Toutes ces théories, bien qu'intéressantes, laissent subsister des zones d'ombre. Comment assurer une telle précision d'alignement ? Comment déplacer des blocs de dizaines de tonnes sur plus de 800 kilomètres depuis certaines carrières ? Comment maintenir une planéité aussi parfaite à l'échelle d'un monument aussi colossal ?

La construction de la pyramide de Khéops demeure un défi pour l'archéologie moderne. Ce mystère alimente l'idée selon laquelle les bâtisseurs égyptiens disposaient de connaissances aujourd'hui perdues ou bien que ces pyramides sont l'héritage d'une époque antérieure, oubliée de l'histoire officielle.

Les pyramides d'Égypte n'ont pas d'âge

À la lumière des contradictions que soulève l'étude de l'évolution architecturale des pyramides, une question cruciale s'impose naturellement : sommes-nous réellement capables de dater ces monuments avec précision ? Après avoir exploré la progression contestée de leur conception, il convient désormais de s'intéresser à ce que la science peut — ou ne peut pas — nous dire quant à leur véritable ancienneté.

La datation est un pilier fondamental dans toutes les sciences du passé. Et pourtant, lorsqu'il s'agit d'un monument aussi colossal et symbolique que la Grande Pyramide de Gizeh, la dernière des Sept Merveilles du monde antique encore debout, les certitudes vacillent. Officiellement, les égyptologues associent chaque pyramide à un pharaon bien identifié, intégrant ainsi leur édification dans une chronologie dynastique précise, allant approximativement de 3200 à 1700 av. J.-C. Cette chronologie est articulée autour d'une trame narrative historique, fondée sur des documents parfois fragmentaires et des artefacts souvent interprétés à la lumière des textes ultérieurs.

Mais une question demeure : cette chronologie repose-t-elle sur des preuves scientifiques irréfutables, ou n'est-elle qu'un récit structuré pour donner du sens à ce que nous ne savons pas vraiment ? Car dans les faits, aucune preuve directe, aucune méthode de datation purement scientifique ne permet aujourd'hui d'établir avec certitude l'âge de ces monuments en pierre.

La pierre échappe à la datation directe

Il convient de rappeler que la méthode de datation la plus utilisée par les archéologues — celle du carbone 14 — repose sur l'analyse de matières organiques. Le principe est simple : le carbone 14 est un isotope radioactif qui se désintègre à un rythme constant après la mort de l'organisme vivant. En mesurant la quantité de carbone 14 restante, les chercheurs peuvent estimer le temps écoulé depuis la mort de cet organisme.

Aussi fiable soit-elle dans de nombreux contextes, cette méthode a une limite majeure : elle ne s'applique qu'à la matière organique. Autrement dit, il est impossible de dater directement un bloc de calcaire ou de granite. Cela exclut d'emblée la possibilité de dater les pyramides elles-mêmes — construites intégralement en pierre — par cette méthode. À moins de retrouver du bois d'échafaudage, des restes de cordages, des graines piégées dans un joint de maçonnerie ou des textiles coincés dans un interstice, on ne peut dater que des éléments secondaires, jamais l'édifice en lui-même.

Il est certes possible de prélever des pigments organiques sur des peintures pariétales, ou de dater le bois de poutres intégrées à une construction. Mais dans le cas des pyramides, ce type d'élément est soit introuvable, soit impossible à extraire sans endommager le monument.

La datation indirecte : une solution fragile

En l'absence de matières organiques exploitables dans les pyramides elles-mêmes, les chercheurs ont recours à des méthodes indirectes pour estimer leur âge. Il s'agit principalement de l'étude iconographique et stylistique. On observe ainsi les cartouches, les motifs, les représentations artistiques ou les styles d'inscription présents sur les monuments, ou dans les tombes adjacentes.

C'est cette méthode qui permet par exemple d'attribuer la pyramide de Khéphren à ce dernier, grâce à des cartouches retrouvés dans des temples environnants. Mais cela reste une déduction. De même, l'association entre la pyramide de Khéops et le pharaon éponyme repose sur une poignée d'indices indirects : un cartouche retrouvé dans une galerie secondaire, des graffitis supposément contemporains, et des témoignages d'auteurs antiques comme Hérodote, Manéthon ou Diodore de Sicile, dont la fiabilité est souvent contestée.

Plus récemment, des tentatives de datation ont été menées à partir de matériaux organiques retrouvés dans des sépultures proches. Entre 2007 et 2010, une équipe internationale dirigée par Christopher Bronk Ramsey (Université d'Oxford) a appliqué la méthode du carbone 14 à 211 échantillons végétaux (graines, textiles, paniers) extraits de tombes attribuées à diverses périodes de l'Égypte antique. Le but était de confirmer la chronologie des règnes et des dynasties. Les résultats ont permis de resserrer certaines fourchettes temporelles : une précision moyenne de 76 ans pour l'Ancien Empire, 53 pour le Moyen Empire, et 24 pour le Nouvel Empire.

Cependant, il faut garder à l'esprit que ces données affinent la datation de contextes funéraires ou d'objets secondaires. Elles ne permettent en aucun cas de dater les structures de pierre elles-mêmes. Les pyramides restent, sur ce plan, des énigmes silencieuses.

Une chronologie construite sur des postulats

L'histoire officielle des pyramides est donc une construction narrative fondée sur des suppositions, des corrélations stylistiques, et des interprétations de textes anciens. Parmi les références utilisées figurent des sources grecques tardives, comme celles d'Hérodote, écrites plus de deux millénaires après les faits supposés. Ces textes, bien qu'intéressants, contiennent de nombreuses erreurs géographiques ou techniques, et leur valeur documentaire reste sujette à débat.

Un autre élément central du raisonnement des égyptologues repose sur les mastabas environnants. À Gizeh, par exemple, les tombes de la mère, de l'épouse et des enfants de Khéops sont relativement modestes et bâties dans un style plus simple. Cette proximité temporelle et géographique est censée justifier l'attribution de la Grande Pyramide à ce pharaon. Mais n'est-ce pas là une déduction circulaire ? Car ces mastabas eux-mêmes ne sont pas datés scientifiquement.

La stylistique repose sur l'étude des formes, des conventions artistiques et de l'iconographie. Or, cette méthode — aussi rigoureuse soit-elle — s'apparente plus à une discipline relevant de l'histoire de l'art qu'à une science exacte. Nadine Cherpion, dans son ouvrage de référence de 1998, a tenté de formaliser cette approche en répertoriant 64 critères d'analyse stylistique associés à des cartouches royaux. Elle en tire des séquences chronologiques en supposant une continuité stylistique. Mais cette continuité elle-même reste hypothétique, tributaire de présupposés linéaires contestés par d'autres indices matériels.

Et si les pyramides précédaient les pharaons ?

Les limites de la datation directe, les failles dans les arguments iconographiques et l'incohérence de l'évolution architecturale soulèvent une hypothèse audacieuse : et si les grandes pyramides d'Égypte, du moins les plus impressionnantes comme celles de Gizeh, ne dataient pas de l'ère des pharaons, mais d'une période bien plus ancienne ?

Cette idée, longtemps reléguée aux marges de la recherche académique, séduit de plus en plus de chercheurs indépendants et d'ingénieurs. Selon cette hypothèse, les pharaons auraient trouvé ces pyramides déjà présentes et les auraient réutilisées à des fins symboliques, religieuses ou politiques, en construisant autour des temples, des nécropoles secondaires ou des allées processionnelles. Cela expliquerait pourquoi ces pyramides ne correspondent ni aux normes funéraires ultérieures, ni à la courbe supposée du progrès technique.

Dans le cas spécifique de Khéops, les incohérences abondent. Aucun texte interne à la pyramide ne mentionne son nom. Aucun décor funéraire n'orne ses murs. Le sarcophage retrouvé est vide, grossièrement taillé, et trop large pour avoir été introduit par les couloirs d'accès actuels. Les seuls indices nominatifs — cartouches et graffitis — se trouvent dans des galeries secondaires, inaccessibles au public et découvertes tardivement.

Faut-il alors envisager que la Grande Pyramide n'était pas un tombeau ? Ou qu'elle ne fut pas édifiée sous Khéops, mais bien plus tôt ? Cette hypothèse, si elle reste difficile à prouver en l'état actuel de nos connaissances, a le mérite de poser une question légitime : et si l'Histoire de l'Égypte antique n'était pas linéaire, mais cyclique ou fragmentaire ?

Ainsi, à défaut de pouvoir dater les pyramides avec certitude, il est raisonnable — voire nécessaire — de reconnaître que leur âge demeure une énigme. Dans ce contexte, toute tentative de récit linéaire doit être prise avec prudence. L'absence de certitudes scientifiques, la fragilité des preuves iconographiques et les incohérences structurelles plaident en faveur d'une approche plus nuancée, voire d'un réexamen complet des bases de notre compréhension de l'Ancienne Égypte.

Les Pyramides de Gizeh regardent les étoiles

Au-delà de leur prouesse architecturale, un autre élément intrigue les chercheurs et les passionnés d'archéologie alternative : leur alignement avec les étoiles. Depuis des millénaires, les pyramides de Gizeh suscitent fascination et interrogation. Si leur fonction première est généralement admise comme funéraire, certains chercheurs estiment qu'elles dissimulent un dessein bien plus vaste. En 1994, l'ingénieur civil Robert Bauval a proposé une théorie qui a bouleversé notre perception du site : les trois grandes pyramides de Gizeh seraient alignées avec les trois étoiles centrales de la ceinture d'Orion.

Selon Bauval, cet alignement ne serait pas un hasard, mais une reproduction intentionnelle du ciel sur Terre. Il suggère que les Égyptiens ont conçu ces monuments pour refléter la position des étoiles d'Orion telles qu'elles apparaissaient dans le ciel vers 10 500 av. J.-C., une date qui soulève de nombreuses questions sur l'ancienneté réelle de ces constructions.

En 1994, l'ingénieur civil Robert Bauval propose une hypothèse audacieuse, connue sous le nom de "théorie de la corrélation d'Orion". Selon lui, les trois grandes pyramides du plateau – Khéops, Khéphren et Mykérinos – ne sont pas disposées au hasard, mais reproduisent, à un léger décalage près, la position des trois étoiles centrales de la ceinture d'Orion (Alnitak, Alnilam et Mintaka). Une coïncidence ? Peut-être pas.

- Les pyramides ne sont pas parfaitement alignées : il existe un léger décalage, bien que minime.
- Pourquoi Orion et pas une autre constellation ? Les alignements stellaires peuvent être trouvés dans de nombreux schémas architecturaux si l'on cherche suffisamment longtemps.
- Absence de preuves écrites : aucun texte égyptien ne mentionne explicitement un lien entre Orion et la disposition des pyramides.

Cependant, ces critiques n'invalident pas complètement la théorie. Le fait que les conduits de Khéops pointent vers des étoiles précises à une date-clé renforce l'idée que l'astronomie jouait un rôle clé dans la conception du complexe de Gizeh.

Une Vision Cosmique de l'Égypte Antique

Que les Égyptiens aient voulu inscrire leur civilisation dans le ciel ou non, une chose est certaine : leur obsession pour l'astronomie est avérée. L'importance de Sirius, du Nil, des solstices et des équinoxes dans leur culture témoigne d'une connaissance avancée des cycles célestes. Cette observation doit faire évoluer notre regard sur l'Egypte ancienne. Considérons ces hommes des temps anciens à la hauteur de ce qu'ils ont réalisé car il semble bien que les pyramides de Gizeh aient été consciemment bâties en parfait miroir des astres lumineux d'Orion.

PARTIE III

Khéops : l'Enigme Monumentale

Depuis l'Antiquité, la Pyramide de Khéops défie les générations d'explorateurs, de savants et de rêveurs. Monument emblématique de l'Égypte pharaonique, elle est enseignée comme le chef-d'œuvre funéraire du pharaon Khéops, érigée il y a plus de 4 500 ans. Pourtant, au-delà de cette version académique largement admise, se cache un ensemble de faits troublants, d'absences inexplicables et de mystères architecturaux qui invitent à une réévaluation profonde de cette narration officielle.

Aucune inscription, aucun texte antique n'atteste formellement que cette structure fut conçue comme une sépulture. Aucune momie, ni même un véritable sarcophage identifié n'ont été retrouvés à l'intérieur. À l'inverse des tombes fastueusement décorées de la Vallée des Rois, la Pyramide de Khéops demeure désespérément silencieuse : pas de fresques, pas de hiéroglyphes, rien qui ne témoigne d'un culte funéraire.

Face à cette austérité, les caractéristiques architecturales de la pyramide émergent avec une étrange modernité : alignements astronomiques précis, assemblages millimétriques, blocs de plusieurs dizaines de tonnes posés avec une précision défiant les outils traditionnels attribués aux Égyptiens de l'Ancien Empire. Comment expliquer qu'une telle prouesse technique ait été réalisée avec des moyens que nous considérons aujourd'hui comme rudimentaires ?

Ce chapitre explore ces anomalies et questionne les postulats qui sous-tendent notre compréhension du monument. S'appuyant sur des analyses d'ingénieurs contemporains, des avancées scientifiques récentes (comme la mission ScanPyramids) et les hypothèses de penseurs non-conformistes, il propose une autre lecture de la Grande Pyramide : et si celle-ci n'était pas un tombeau… mais le vestige d'un savoir technologique oublié ?

Pyramide de Khéops, plateau de Gizeh en Egypte. Crédit photo personnel

Chapitre 7 : La pyramide de Khéops : une histoire officielle remise en question

Depuis des siècles, la Grande Pyramide de Khéops fascine les archéologues comme le grand public. Présentée comme un immense exploit architectural de l'Égypte ancienne, elle est décrite comme le tombeau du pharaon Khéops, souverain de la IVème dynastie, ayant régné aux alentours de 2589-2566 av. J.-C. Cette affirmation, bien que largement admise dans les cercles académiques, repose pourtant sur des bases étonnamment fragiles.

D'abord, aucun sarcophage authentifié ne fut retrouvé dans la chambre dite « du Roi », et pas la moindre trace d'une momie royale. Contrairement aux tombeaux somptueux de la Vallée des Rois, richement ornés de fresques et d'objets funéraires, l'intérieur de la pyramide de Khéops se caractérise par une austérité déconcertante : des couloirs étroits, des parois brutes, et une absence totale d'inscriptions relatant son origine ou sa fonction. Mais alors comment expliquer qu'un monument d'une telle envergure, supposé abriter le repos éternel d'un pharaon, soit aussi dépourvu de toute ornementation funéraire, alors que les Égyptiens de l'Antiquité prêtaient une attention méticuleuse aux rites et symboles liés à la mort ?

Intérieurs des tombeaux dans la vallée des rois, avec sarcophages et riches décorations hiéroglyphiques. Crédit photos personnel.

Photo murale de la chambre du roi dans la Pyramide de Khéops, construite en pierres de granite. Crédit photo personnelle.

Photo de la Grande Galerie dans la Pyramide de Khéops. Crédit photo personnelle.

Autre fait troublant, les sources égyptiennes elles-mêmes restent muettes sur la construction de cette pyramide. Aucun texte antique ne décrit avec précision les techniques employées, les artisans impliqués, ou encore la finalité exacte du monument. Seul un cartouche gravé portant le nom de Khéops a été découvert dans une chambre supérieure, mais son authenticité a été largement débattue parmi les spécialistes, certains y voyant une inscription postérieure, peut-être même un ajout moderne.

Si la Pyramide de Khéops était bel et bien un tombeau, où sont les preuves matérielles irréfutables ? Et si elle n'avait jamais été conçue dans ce but, quel pouvait alors être son véritable rôle ? Ce chapitre se propose d'examiner les contradictions de l'hypothèse funéraire, d'explorer les caractéristiques extraordinaires de ce monument et d'envisager des théories alternatives quant à sa fonction.

Les archéologues ont-ils réellement compris l'origine et la fonction de la Pyramide de Khéops, ou sont-ils enfermés dans une interprétation héritée d'un paradigme historique et académique figé? Depuis des siècles, ce monument titanesque est présenté comme un tombeau royal, sans que des preuves matérielles irréfutables viennent véritablement confirmer cette hypothèse. L'absence de momie, de sarcophage décoré, d'ornements funéraires et d'inscriptions explicites remet en cause cette explication traditionnelle. De plus, les techniques de construction employées, les propriétés mathématiques et astronomiques de la pyramide, ainsi que certaines découvertes récentes, semblent suggérer une finalité plus complexe, peut-être même radicalement différente.

Sommes-nous face à un cas de simplification historique, où les chercheurs modernes interprètent un chef-d'œuvre d'ingénierie antique à travers le prisme des connaissances et croyances de leur époque ? Ou la pyramide recèle-t-elle encore des secrets, révélant une fonction méconnue qui dépasse de loin le simple cadre funéraire ? Ce chapitre propose d'analyser ces questions en confrontant les faits, les découvertes archéologiques et les hypothèses émergentes pour tenter de comprendre ce que nous dit réellement la Pyramide de Khéops.

L'Expédition d'Égypte : Une Conquête Scientifique et Idéologique du XVIIIe siècle

En 1798, lorsque Napoléon Bonaparte lance son expédition en Égypte, son ambition dépasse largement une simple exploration scientifique ou culturelle. Il s'agit avant tout d'une entreprise stratégique et géopolitique destinée à affaiblir l'Angleterre en lui coupant une route commerciale cruciale vers les Indes orientales, alors centre névralgique de l'économie britannique. À cette époque, l'Égypte est sous la domination des Mamelouks, une caste militaire gouvernant en théorie au nom de l'Empire ottoman, mais dont l'autorité est fragilisée par des luttes internes.

L'Angleterre, principale rivale de la France sur les plans commercial, colonial et militaire, repose largement sur le commerce maritime, notamment avec les Indes orientales britanniques. Cette région, comprenant l'actuelle Inde, le Bangladesh, le Pakistan et une partie du Sri Lanka, constitue une source de richesses considérable. Les épices, le coton, le thé, la soie et l'opium qu'elle fournit alimentent la prospérité économique de l'Empire britannique.

Deux routes principales permettent d'accéder aux Indes : la première contourne l'Afrique par le Cap de Bonne-Espérance, tandis que la seconde passe par l'Égypte et la mer Rouge. Cette dernière, bien qu'imparfaite avant la construction du canal de Suez en 1869, offre une voie plus directe et stratégique. Napoléon espère ainsi contrôler cet axe clé et compromettre la suprématie maritime anglaise.

Bien que l'expédition militaire se solde par un échec, elle donne naissance à une nouvelle approche scientifique de l'Égypte antique. Cependant, cette perspective, malgré son innovation, enferme l'égyptologie naissante dans un cadre interprétatif rigide, influençant encore aujourd'hui la discipline.

Une Expédition aux Multiples Facettes : Conquête, Prestige et Science

Napoléon ne cherche pas seulement à s'imposer militairement en Égypte ; il veut également inscrire son nom dans l'histoire, à l'image d'Alexandre le Grand. Cette expédition s'inscrit dans une logique impériale où la domination passe autant par la force des armes que par la maîtrise du savoir, en accord avec les idéaux du siècle des Lumières.

Ainsi, en plus des 38 000 soldats, Napoléon embarque avec lui 160 savants regroupés sous la Commission des Sciences et des Arts. Ce collectif, unique pour son époque, rassemble des mathématiciens, ingénieurs, architectes, astronomes, cartographes, médecins, botanistes, chimistes et artistes, chargés d'étudier l'Égypte dans toutes ses dimensions.

Leurs missions ne se limitent pas à la simple exploration des antiquités, mais visent à :

- Dresser une cartographie détaillée du pays, notamment du Nil et de ses canaux, afin d'évaluer son potentiel agricole et stratégique.
- Étudier les ressources naturelles et économiques pour anticiper une éventuelle exploitation sous domination française.
- Analyser le climat, la faune et la flore, afin de mieux comprendre et exploiter l'environnement.
- Documenter les monuments antiques, en en relevant les dimensions et en étudiant leur architecture.

Pour Napoléon, cette expédition doit démontrer la supériorité intellectuelle et technique de la France tout en préparant une transformation profonde de l'Égypte. L'objectif n'est pas seulement de la conquérir militairement, mais aussi de l'administrer selon des modèles européens, avec des institutions modernisées et une économie intégrée à l'Empire français.

Ainsi, l'expédition française accumule un savoir considérable sur l'Égypte mais elle reste marquée par une vision colonialiste. Plutôt qu'une simple redécouverte du passé pharaonique, elle marque en réalité une appropriation des vestiges d'une civilisation que l'Occident commence alors à considérer comme son propre héritage intellectuel.

La publication monumentale du livre « La Description de l'Égypte » (1809-1829) illustre cette dynamique. Rassemblant les observations et dessins des savants de l'expédition, cet ouvrage impose une vision occidentale de l'Égypte antique, où les monuments sont détachés de leur contexte historique et culturel. Cette démarche inaugure une tradition de « sauvegarde » des antiquités qui justifiera ultérieurement leur déplacement massif vers les musées européens, notamment au Louvre et au British Museum.

L'expédition permet également :

- Le relevé précis des pyramides de Gizeh et des temples majeurs tels que Karnak, Louxor et Abou Simbel.
- La cartographie détaillée du territoire égyptien, fournissant des bases solides pour les explorations futures.
- L'étude approfondie du Nil et de son fonctionnement, influençant les projets ultérieurs de gestion de l'eau.

Toutefois, ces avancées scientifiques s'accompagnent de destructions et de pillages. Certains monuments sont endommagés, des objets déplacés sans précaution et certaines fouilles sont

administratives ou des papyrus ont révélé le fonctionnement du gouvernement, la collecte des impôts et la gestion des ressources agricoles.

Des listes de travailleurs gravées dans des carrières ou des chantiers ont permis d'identifier le rôle des artisans et des ouvriers, notamment ceux qui ont participé à la construction des temples et de certaines pyramides.

Des écrits décrivant des affaires judiciaires et des litiges entre citoyens ont mis en lumière le fonctionnement du droit égyptien et l'importance des scribes dans l'administration.

Les Grandes Expéditions et Relations Internationales

Les inscriptions retrouvées sur les murs des temples ou sur des obélisques ont également permis de reconstituer les relations diplomatiques et commerciales de l'Égypte avec les autres civilisations de l'époque : le récit du traité de paix entre Ramsès II et les Hittites, gravé sur les murs du temple de Karnak, est considéré comme l'un des premiers accords diplomatiques de l'histoire.

Des hiéroglyphes retrouvés dans des tombeaux évoquent des expéditions commerciales en Nubie, au Levant et jusqu'en pays minoen (en Crète), prouvant que l'Égypte entretenait des échanges à grande échelle avec ses voisins.

Des listes de tributs gravées sur des temples montrent également les richesses rapportées d'autres contrées : or, bois précieux, encens, animaux exotiques, confirmant ainsi l'étendue de l'influence égyptienne.

Mais si les hiéroglyphes ont révolutionné notre connaissance de l'Égypte antique, ils n'ont pas permis de tout comprendre. Certains symboles restent mystérieux, et de nombreuses zones d'ombre subsistent, notamment sur les méthodes de construction des pyramides ou sur l'origine et la nature exacte de certains monuments, comme la Pyramide de Khéops. Contrairement à ce que pensaient les premiers égyptologues, l'écriture ne nous livre pas toutes les réponses, et d'autres pistes doivent être explorées pour comprendre pleinement cette civilisation fascinante

Les Limites du Déchiffrement et leur Impact sur l'Interprétation des Monuments

Si la découverte de Champollion fut une avancée majeure, il est essentiel de rappeler que la Pierre de Rosette ne contenait qu'un échantillon limité de hiéroglyphes, et que de nombreux symboles et expressions restent encore aujourd'hui sujets à interprétation. Contrairement à une idée répandue, nous ne comprenons pas tous les hiéroglyphes égyptiens avec une précision absolue.

Or, cette fragilité du déchiffrement a influencé la lecture de nombreux monuments, et plus particulièrement celle de la Pyramide de Khéops. Ce monument colossal, censé être l'un des plus importants tombeaux de l'histoire de l'Égypte, ne comporte pourtant quasiment aucune inscription. Cette absence est d'autant plus frappante qu'elle contraste avec les temples de Karnak, Abou Simbel ou encore les tombes de la Vallée des Rois, où chaque surface est couverte de textes religieux et de récits sur la vie du défunt.

De plus, si les hiéroglyphes étaient censés nous révéler les mystères de l'Égypte antique, comment expliquer qu'aucun texte ancien n'évoque la construction de la pyramide ni ne décrive clairement sa fonction ? Cette lacune documentaire constitue un paradoxe majeur : pourquoi un édifice aussi monumental, censé être la dernière demeure d'un grand souverain, ne bénéficie-t-il d'aucun récit détaillant son érection, son usage et son importance dans les croyances funéraires de l'époque ?

L'égyptologie a permis des avancées majeures dans la compréhension de la civilisation égyptienne, mais l'interprétation des pyramides reste largement influencée par un prisme de lecture linguistique qui ne repose pas toujours sur des preuves matérielles solides. L'absence d'inscriptions explicites dans la Pyramide de Khéops, combinée aux incohérences architecturales et à l'absence d'éléments funéraires, met en doute son attribution en tant que tombeau royal.

Si la Pyramide de Khéops n'était pas un tombeau, alors que pouvait-elle être ? Pour mieux comprendre, il faut s'intéresser à ses caractéristiques architecturales et technologiques exceptionnelles.

La Grande Pyramide d'Égypte est-elle vraiment celle du pharaon Khéops ?

Khéops, ou « Khoufou » en égyptien, est le nom du deuxième pharaon de la IVe dynastie. Et pourtant, malgré son immense notoriété — son nom étant attaché à la plus grande pyramide jamais construite — l'homme lui-même demeure une énigme. Hormis les récits parfois fantaisistes d'Hérodote et une modeste statuette en ivoire de 8 centimètres retrouvée à Abydos, aucune source directe ne nous renseigne précisément sur lui.

Les égyptologues attribuent généralement la Grande Pyramide de Gizeh à Khéops, mais les fondements de cette association restent minces. Trois arguments principaux sont avancés pour étayer cette identification :

1. Les textes anciens. Hérodote, un historien grec du Ve siècle av. J.-C., ainsi que Manéthon (IIIe siècle av. J.-C.) et Diodore de Sicile (Ier siècle av. J.-C.), citent Khéops comme bâtisseur de la pyramide. Toutefois, ces auteurs vivaient bien après l'époque supposée de la construction, et leurs récits sont entachés d'erreurs — Diodore, par exemple, prétend que les pierres venaient d'Arabie et nous savons aujourd'hui qu'elles étaient extraites d'une carrière à Assouan.
2. La présence de son nom dans les tombes alentour. Le cartouche de Khéops figure dans plusieurs mastabas de la nécropole de Gizeh, appartenant à des dignitaires qui auraient servi durant son règne.
3. Les inscriptions dans les fosses à barques. Découvertes au sud de la pyramide, ces fosses contiennent de longs navires de bois parfaitement préservés, dont les parois sont couvertes de graffitis mentionnant Khéops et son fils Djédefrê. Il est supposé que Djédefrê aurait supervisé les funérailles de son père.

Mais ces éléments, bien que suggestifs, restent peu convaincants pour affirmer avec certitude que Khéops fut le commanditaire de cette pyramide monumentale. L'absence totale d'inscriptions à l'intérieur même de l'édifice, de toute décoration, de tout cartouche dans la chambre du roi, interroge. Aucune trace de momie n'a jamais été retrouvée, ni de sarcophage formellement identifié.

Si la pyramide était réellement un tombeau, où est passé son contenu ? Les pilleurs ? Si tant est que nous voulions admettre comme hypothèse que ce tombeau fut pillé, rappelons que la taille du sarcophage installé dans la chambre du roi est trop large pour passer l'entrée de la pyramide...

Une dissonance dans le complexe funéraire

Jetons un œil à l'environnement immédiat de la pyramide. Le complexe funéraire de Khéops comprend plusieurs mastabas, des tombes rupestres, regroupés dans le « cimetière Est », où reposent sa mère Hétep-Hérès Ire, son épouse Méritités Ire, et certains de ses enfants. On y trouve des tombes de formes modestes, réalisées avec un niveau de sophistication architecturale sans commune mesure avec la pyramide elle-même.

Comment expliquer ce contraste ? Khéops aurait donc construit un chef-d'œuvre défiant la postérité, et fait inhumer ses proches dans des mastabas frustes ? Une telle incohérence soulève plus de questions qu'elle n'en résout.

L'étrangeté de l'intérieur

L'intérieur de la pyramide ne ressemble à aucun autre monument funéraire égyptien. Aucun décor, aucun hiéroglyphe, aucune fresque. Pas de cartouches, ni d'écrits évoquant le défunt ou le divin. Tout n'est que silence et austérité. La chambre du roi elle-même, accessible après avoir traversé un étroit réseau de couloirs sombres, n'abrite qu'un bloc creux et vide, sans ornement.

Quant à la Grande Galerie, qui mène à cette chambre, elle témoigne d'un savoir-faire architectural exceptionnel, mais reste tout aussi muette sur l'identité du défunt supposé. Une telle sobriété contraste avec les tombes royales connues, qui sont richement décorées pour guider l'âme du pharaon dans l'au-delà.

Une datation incertaine

En vérité, il est extrêmement difficile de dater précisément la construction de la pyramide. Les méthodes de datation les plus fiables, comme le carbone 14, ne s'appliquent qu'aux matières organiques. Or, les pyramides sont faites uniquement de pierres. Et aucun texte gravé dans la pierre ne permet une datation directe.

La plupart des datations proposées sont donc indirectes, basées sur des indices stylistiques ou des références contextuelles : cartouches retrouvés à proximité, typologie des tombes environnantes, ou encore récits d'auteurs antiques. Autant de sources sujettes à caution.

L'archéologie repose donc ici sur des reconstructions, des hypothèses, des corrélations. Elle n'est pas une science exacte, mais une science humaine, nourrie de déductions. Si cette approche a ses mérites, elle ne permet pas d'écarter d'un revers de main des scénarios alternatifs.

Une technologie oubliée ?

À la lumière de ces incertitudes, n'est-il pas légitime de se demander si la pyramide de Khéops est bien l'œuvre de Khéops ? Et si elle préexistait à son règne ? Et si les Égyptiens l'avaient découverte, se l'étaient réappropriée et l'avaient modifiée à leur manière, sans jamais en maîtriser pleinement les secrets ?

Les constructions égyptiennes ultérieures, y compris les pyramides plus récentes, ne parviennent pas à égaler le niveau de maîtrise observé à Gizeh. Ce fait seul devrait éveiller notre prudence face à une narration trop linéaire de l'histoire.

Comme un ultime pied de nez à nos certitudes modernes, les pyramides échappent aux outils de datation classiques. Elles nous parlent, non par les mots, mais par leur silence, leur robustesse, leur géométrie parfaite. Elles résistent au temps, aux séismes, aux tempêtes — et aux explications faciles.

Peut-être est-il temps de considérer les faits avec humilité et d'accepter que l'histoire de l'humanité ne suit pas nécessairement une trajectoire ascendante, rationnelle et linéaire. Peut-être y a-t-il eu, dans les profondeurs du passé, des pics de civilisation, des savoirs oubliés, des mondes éteints.

L'archéologie devrait embrasser ce vertige avec curiosité, et non avec crainte. Refuser de remettre en question les dogmes hérités du XIXe siècle, c'est fermer la porte à l'un des plus grands mystères de notre humanité.

La Pyramide de Khéops défie les chantiers modernes

La Grande Pyramide de Khéops est un ouvrage hors du commun dans l'histoire de l'architecture humaine. Encore aujourd'hui, elle demeure le plus grand bâtiment jamais construit avec un tel degré de précision. Aucune construction moderne, malgré des outils de pointe, n'a tenté — ou même atteint — un tel niveau de maîtrise dans l'assemblage massif de blocs de pierre.

Pour prendre la mesure de cet exploit, il faut introduire un concept fondamental dans le domaine de la construction : la « tolérance ». Il s'agit de la marge d'erreur admise lors de l'implantation, la découpe ou l'assemblage des matériaux. C'est cette tolérance qui garantit la stabilité, la résistance et la durabilité d'un édifice.

Dans les constructions modernes, cette marge se situe généralement entre 6 et 10 millimètres pour les structures de haute qualité. Pourtant, les pierres de calcaire et de granit utilisées pour bâtir la pyramide de Khéops présentent, dans certains cas, des tolérances inférieures à 1 millimètre. Cela revient à dire que les ajustements étaient réalisés avec une précision équivalente à l'épaisseur d'un ongle. Une performance époustouflante pour un monument censé avoir été construit il y a plus de 4 500 ans.

Comment expliquer qu'une telle prouesse, défiant encore aujourd'hui les chantiers modernes, ait pu être réalisée à une époque où, selon le récit traditionnel, seuls des outils en cuivre et la force humaine étaient disponibles ?

Une lecture technique du monument par un ingénieur de l'aéronautique

Pour tenter de répondre à cette question, le témoignage d'experts en ingénierie contemporaine offre un éclairage précieux. C'est notamment le cas de Christopher Dunn, ingénieur en mécanique spécialisé dans les procédés industriels de haute précision. Dans son ouvrage *The Giza Power Plant: Technologies of Ancient Egypt* (littéralement « La centrale électrique de Gizeh »), Dunn propose une lecture radicalement différente de la pyramide de Khéops, basée sur une analyse technique rigoureuse.

Fasciné par le niveau de précision observé dans les structures égyptiennes, il s'est intéressé à la fabrication de leurs pierres comme il le ferait pour des pièces mécaniques. Selon lui, les bâtisseurs de Khéops disposaient non seulement d'une connaissance approfondie des matériaux, mais également d'une maîtrise de l'usinage digne des ateliers les plus performants d'aujourd'hui.

L'usinage moderne et la notion de tolérance

Dunn rappelle qu'avec la Révolution industrielle, la fabrication d'objets complexes comme les fusils a nécessité la standardisation des pièces. Cela imposait des écarts de fabrication extrêmement réduits. Ainsi est née la métrologie, la science de la mesure, qui permet de garantir la fiabilité et la répétabilité des processus industriels. Même aujourd'hui, l'on admet des tolérances de +/- 10 mm sur les pierres naturelles utilisées en architecture, et jusqu'à +/- 20 mm pour les blocs de granit.

Dans ce contexte, les ajustements millimétriques observés sur les blocs de la pyramide apparaissent non seulement étonnants, mais presque impossibles à réaliser sans machines. Et c'est précisément ce que Christopher Dunn souligne : les pierres ne mentent pas. Leur niveau de finition témoigne d'un procédé maîtrisé, répétable, et guidé par une expertise technique que nous ne retrouvons pas dans les chantiers de l'Égypte antique, tels qu'ils sont traditionnellement décrits par les archéologues.

Trois exemples emblématiques : fondations, revêtement, chambre du roi

L'analyse de Dunn repose sur l'observation directe de plusieurs éléments-clés de la pyramide :

Les pierres de fondation

À la base de la pyramide, les fondations sont posées sur un plateau soigneusement nivelé, après le rabotage complet d'une colline. Les blocs y sont agencés avec un soin extrême. Dunn rapporte que les variations de planéité y sont inférieures à un millimètre. Une prouesse inimaginable à l'échelle d'une surface de 60 000 m^2 recouverte de blocs pesant entre 2 et 5 tonnes chacun.

Cette base ultrastable, indispensable à la résistance sismique de l'édifice, témoigne d'un sens de l'anticipation remarquable. Selon Dunn, la fondation de la pyramide présente moins d'un millième de variation, là où une tolérance de 0,5 millimètre serait déjà jugée excellente sur un chantier moderne.

Les pierres de revêtement

Les blocs de calcaire blanc qui revêtaient autrefois la pyramide lui conféraient un éclat visible à des kilomètres. Bien que la majorité ait été arrachée ou érodée au fil des siècles, certains blocs subsistent à sa base. Ils témoignent d'un travail de finition d'une rare précision.

Dunn estime qu'il a fallu produire plus de 100 000 blocs aux dimensions quasi identiques, avec une marge d'erreur de 0,2 millimètre. Une fois posés, l'espace entre deux blocs était inférieur à 0,5 millimètre, comblé par un mortier dont la composition, encore inconnue, se révèle plus solide que la pierre elle-même. Certains blocs pèsent jusqu'à 20 tonnes, mesurant plus de 3 mètres de long. Comment une telle régularité a-t-elle pu être obtenue ?

La chambre du roi : un chef-d'œuvre d'usinage

La pièce la plus spectaculaire reste sans conteste la chambre du roi. Construite en granit d'Assouan, situé à plus de 900 km au sud, elle contient près de 130 dalles pesant entre 12 et 70 tonnes, hissées à une hauteur de 70 mètres au cœur du monument. Chacune est ajustée au dixième de millimètre, avec des surfaces parfaitement polies, des plans horizontaux et verticaux impeccables.

Or, dans les ateliers modernes, la tolérance admise pour le granit est de +/- 20 mm. Autrement dit, la chambre du roi dépasse de 200 fois les standards actuels. Pour Dunn, cette précision relève clairement d'un procédé mécanisé. Aucun tailleur de pierre muni d'outils manuels ne pourrait obtenir un tel résultat, surtout en travaillant dans des conditions aussi contraignantes.

Le couloir descendant : une précision géométrique spectaculaire

Autre illustration fascinante : le couloir descendant, qui mène à la chambre souterraine. Ce passage long de 106 mètres, haut d'à peine 1,20 mètre, est incliné à un angle constant de 26°26'46", soit exactement 50 % de pente.

Sur les 45 premiers mètres, l'écart mesuré est inférieur à 0,5 mm. Sur l'ensemble du couloir, la variation totale n'excède pas 6,3 mm. Maintenir un tel angle de manière continue, dans un environnement sombre et étroit, sans laser ni niveaux électroniques, dépasse les capacités supposées des outils de l'époque.

Une expertise ignorée par l'égyptologie conventionnelle

Dunn le souligne avec conviction : les égyptologues ne sont pas des techniciens. Ils ne disposent ni de l'expérience, ni de la formation nécessaire pour apprécier pleinement les implications d'un tel niveau de précision. Son regard d'ingénieur, formé à la rigueur de la fabrication industrielle, lui permet de lire dans la pierre un autre récit : celui d'une technologie oubliée.

« Les pierres me disent qu'elles ont été taillées à la machine, pas à la main. Le récit traditionnel ne tient pas compte de la réalité physique de l'ouvrage. »

Ainsi, pour Christopher Dunn, la pyramide de Khéops n'est pas un simple monument funéraire. C'est un chef d'œuvre d'ingénierie, qui remet en cause nos certitudes sur les capacités des civilisations anciennes. Et si ces bâtisseurs, loin d'être primitifs, avaient eu accès à des connaissances techniques avancées, aujourd'hui perdues ?

La précision époustouflante des assemblages, la rigueur géométrique des structures internes, l'usage du granit avec des tolérances mécaniques extrêmes : tout dans cette pyramide semble indiquer un niveau de savoir-faire bien supérieur à ce que notre vision linéaire de l'histoire autorise.

Et si la Grande Pyramide n'était pas seulement le témoignage d'un passé glorieux, mais aussi le vestige d'un savoir oublié, dont nous redécouvrons à peine les contours ?

Une Technologie Avancée pour une Architecture Impossible ?

La construction des pyramides égyptiennes, en particulier celles du plateau de Gizeh, soulève des questions fascinantes quant aux techniques employées par les anciens Égyptiens. Les défis liés au transport, à la taille et à l'ajustement des blocs de pierre suggèrent l'utilisation de méthodes et d'outils d'une sophistication remarquable.

Transport et Taille des Blocs : Un Défi Logistique

La Grande Pyramide de Khéops est constituée d'environ 2,3 millions de blocs de calcaire, chacun pesant en moyenne 2,5 tonnes. Certains blocs, notamment ceux en granit utilisés dans les chambres internes, atteignent jusqu'à 70 tonnes. Ces blocs de granit étaient extraits des carrières d'Assouan, situées à environ 800 kilomètres au sud de Gizeh, et transportés par voie fluviale sur le Nil .

Le transport terrestre des blocs depuis le fleuve jusqu'au site de construction posait également des défis majeurs. Les Égyptiens utilisaient des traîneaux en bois pour déplacer ces blocs sur des rampes, en lubrifiant le sable avec de l'eau pour réduire les frictions. Cependant, déplacer des blocs de plusieurs tonnes avec une main-d'œuvre humaine, sans l'aide de technologies modernes, reste une prouesse impressionnante.

Précision de la Taille et de l'Ajustement des Pierres

Les blocs de calcaire et de granit utilisés dans la construction des pyramides présentent des surfaces et des ajustements d'une précision remarquable. Les outils disponibles à l'époque étaient principalement en cuivre, un métal relativement tendre. Malgré cela, les artisans ont réussi à tailler des blocs avec des tolérances extrêmement fines, certains ajustements étant réalisés au millimètre près.

Cette précision est d'autant plus surprenante que le cuivre est moins efficace pour travailler des pierres dures comme le granit. Cela suggère que les anciens Égyptiens possédaient des techniques avancées de taille et de polissage, peut-être en utilisant des abrasifs naturels ou des méthodes encore inconnues.

Hypothèse d'une Technologie Perdue

La complexité et la précision observées dans la construction des pyramides ont conduit certains chercheurs à proposer l'existence de technologies ou de méthodes de construction perdues. Par exemple, l'utilisation de rampes internes pour le levage des blocs a été suggérée pour expliquer comment les pierres ont été élevées à de telles hauteurs

De plus, des expériences modernes ont tenté de reproduire ces techniques. En 1992, une équipe dirigée par l'archéologue Mark Lehner a construit une petite pyramide en utilisant des outils traditionnels, démontrant la faisabilité de certaines méthodes anciennes. Cependant, reproduire la précision et l'échelle des pyramides de Gizeh reste un défi, même avec nos technologies contemporaines.

On nous explique souvent que cette prouesse architecturale a pu être réalisée grâce au nombre pharamineux des ouvriers qualifiés qui ont travaillé sur le chantier, mais cela ne répond absolument pas au mystère de la précision de l'ouvrage. 100, 1000 ou 100.000 hommes ne pourront jamais être la clé d'explication à la précision d'usinage observée.

Des ingénieurs et architectes contemporains reconnaissent la complexité extrême de la construction des pyramides. L'ingénierie antique à Gizeh est si impressionnante qu'aujourd'hui encore, la manière dont les pyramides ont été construites reste un grand mystère

Ces observations soulignent que, malgré les avancées technologiques modernes, les méthodes précises utilisées par les anciens Égyptiens pour construire ces monuments monumentaux demeurent en grande partie inconnues.

La construction des pyramides égyptiennes témoigne d'une maîtrise technique et d'une organisation logistique exceptionnelles. Les défis liés au transport, à la taille et à l'ajustement des blocs de pierre suggèrent que les anciens Égyptiens possédaient des connaissances et des techniques avancées, dont certaines pourraient avoir été perdues au fil du temps.

Si la Pyramide de Khéops ne peut être assimilée aux tombeaux classiques des pharaons, si sa construction défie les capacités techniques attribuées à l'Ancien Empire et si aucun texte ne vient attester de son usage funéraire, alors il devient impératif d'explorer d'autres pistes. Face à ces anomalies, une question s'impose : quelle pouvait bien être la véritable fonction d'un tel édifice ?

Loin d'être une simple sépulture, la Grande Pyramide semble répondre à des critères architecturaux et mathématiques d'une complexité telle qu'elle laisse entrevoir un dessein plus profond, peut-être même technologique. Ainsi, à mesure que les recherches progressent, plusieurs hypothèses émergent, parfois audacieuses, mais qui ont en commun de remettre en question l'idée d'un tombeau royal.

Chapitre 8 : La Théorie de la Serrure Hydraulique

Parfois, une nouvelle perspective peut tout changer. C'est exactement ce qui est arrivé à Philippe Lheureux[2], un agent technique travaillant pour l'un des plus grands bureaux d'études de la région parisienne. Contrairement aux égyptologues et aux historiens de l'art, son domaine d'expertise n'est ni la linguistique ni l'analyse des hiéroglyphes mais l'ingénierie, la structure des bâtiments et la logique constructive.

En découvrant les plans de la pyramide de Khéops, une évidence s'est imposée à lui : ce monument ne peut pas être interprété avec les seuls outils de l'archéologie classique. Il fallait l'analyser avec un œil de bâtisseur.

Selon lui, l'égyptologie a souvent tendance à étudier les pyramides sous un prisme purement historique et symbolique, sans considérer les contraintes techniques qui régissent toute construction. Les égyptologues sont peut-être de brillants historiens de l'art, mais leurs interprétations architecturales sont parfois totalement fantaisistes.

Pour Lheureux, l'architecture connue de la pyramide de Khéops ne serait en fait que la partie visible d'une gigantesque serrure protégeant une chambre secrète encore inviolée. Il ne prétend pas savoir lire les hiéroglyphes, et il laisse cette compétence aux spécialistes. En revanche, en tant qu'expert en bâtiment, il sait identifier les erreurs d'interprétation liées à la structure même du monument. Et l'un des premiers éléments qui l'a interpellé concerne les conduits internes de la pyramide.

Les Conduits de la Pyramide : Une Explication Qui Ne Tient Pas Debout

Les conduits inclinés de la pyramide de Khéops constituent l'un des plus grands mystères de l'édifice. Leur rôle exact divise encore les spécialistes, mais les explications avancées par les égyptologues traditionnels laissent perplexes ceux qui, comme Philippe Lheureux, analysent la pyramide avec un œil technique.

Deux grandes théories sont généralement proposées :

- Une fonction de ventilation : ces conduits auraient permis d'aérer l'intérieur de la pyramide.
- Un passage pour l'âme du pharaon : ils auraient été alignés sur des étoiles précises pour guider l'âme du souverain vers l'au-delà.

Pour Lheureux, ces hypothèses sont purement spéculatives et ne reposent sur aucun raisonnement technique valable. Si ces conduits avaient été conçus pour ventiler l'intérieur de la pyramide, leur structure serait radicalement différente. Tout système d'aération efficace nécessite :

- un point d'entrée et un point de sortie, pour permettre une circulation de l'air
- des conduits disposés verticalement ou horizontalement, ce qui facilite la convection naturelle.

---

[2] Dans son ouvrage *Le mécanisme secret de la grande pyramide d'Égypte*, coécrit avec Stéphanie Martin et publié en 2008 chez Temps Présent

L'Hypothèse de l'Hydrogène : Un Processus Chimique Complexe

L'un des aspects fondamentaux de l'hypothèse de Dunn repose sur la production d'hydrogène au sein de la pyramide. En examinant la chambre de la reine, il a observé des dépôts de sels sur les parois, suggérant que des réactions chimiques s'y sont produites. Ces résidus pourraient être le résultat de la réaction entre l'acide chlorhydrique et le sulfate de zinc, deux substances qui, lorsqu'elles sont mélangées, génèrent de l'hydrogène gazeux.

L'hydrogène ainsi produit se serait accumulé dans les passages internes de la pyramide, créant un environnement saturé en ce gaz hautement énergétique. L'objectif de ce processus était de fournir un milieu propice à la conduction d'ondes électromagnétiques et acoustiques, permettant de transformer la pyramide en un oscillateur énergétique géant.

L'hydrogène est un vecteur énergétique moderne, utilisé aujourd'hui dans les piles à combustible et les réacteurs nucléaires. Il est donc fascinant d'imaginer qu'une civilisation aussi ancienne que l'Égypte ait pu en comprendre les applications pratiques il y a plusieurs millénaires. Si l'hypothèse de Dunn est correcte, cela signifierait que les bâtisseurs de la pyramide possédaient des connaissances avancées en chimie et en physique, bien au-delà de ce que l'archéologie conventionnelle leur attribue.

La Chambre du Roi : Un Réacteur Piézoélectrique

La chambre du roi est construite en granit massif, un matériau contenant environ 55 % de quartz. Ce minéral possède des propriétés piézoélectriques, ce qui signifie qu'il peut générer une charge électrique lorsqu'il est soumis à des vibrations mécaniques ou acoustiques. L'effet piézoélectrique est utilisé aujourd'hui dans de nombreuses technologies modernes, notamment dans les microphones et les capteurs de pression.

Dunn suggère que lorsque la pyramide était mise en résonance avec les vibrations naturelles de la Terre, l'énergie acoustique était amplifiée par la grande galerie, une structure inclinée de 50 mètres de long. Cette énergie se concentrait ensuite dans la chambre du roi, où le quartz du granit transformait les vibrations en électricité. L'hydrogène présent dans la chambre interagissait avec ces forces, produisant des ondes électromagnétiques à haute fréquence qui étaient ensuite dirigées vers l'extérieur.

Ce mécanisme ressemble étrangement à certaines technologies modernes utilisées dans les réacteurs industriels. L'idée que les anciens Égyptiens aient pu exploiter ces principes soulève d'importantes questions sur l'origine de leur savoir scientifique.

Les Propriétés Acoustiques et la Résonance de la Pyramide

Plusieurs chercheurs ont démontré que la Grande Pyramide est une cavité résonante exceptionnelle. Des études acoustiques ont révélé que la chambre du roi amplifie certaines fréquences sonores d'une manière qui ne semble pas être un simple hasard architectural. La disposition des pierres et des couloirs internes canalise le son d'une manière qui maximise la résonance.

Des expériences ont montré que la pyramide résonne à une fréquence spécifique qui correspond aux vibrations naturelles de la Terre. Ce phénomène, connu sous le nom de résonance de Schumann, est une oscillation électromagnétique de basse fréquence générée entre la surface terrestre et l'ionosphère. Les chercheurs pensent que si la pyramide était accordée à cette fréquence, elle aurait pu agir comme un amplificateur énergétique naturel, transformant les ondes terrestres en une source d'énergie exploitable.

L'Étrange Concentration de l'Énergie Électromagnétique dans la Pyramide

Comme évoqué précédemment, en 2018, une équipe de scientifiques russes et allemands a publié une étude démontrant que la Grande Pyramide concentre l'énergie électromagnétique de manière anormale. À l'aide de simulations numériques, ils ont découvert que la structure fonctionne comme une cavité résonante, amplifiant et dirigeant l'énergie électromagnétique dans certaines zones spécifiques, notamment la chambre du roi.

Ces résultats confirment plusieurs éléments de l'hypothèse de Dunn. Ils montrent que les proportions géométriques de la pyramide influencent directement la propagation des ondes électromagnétiques et que la chambre du roi est le principal point de concentration énergétique. Cette découverte renforce l'idée que la pyramide était conçue pour exploiter des principes physiques avancés bien avant notre époque moderne.

Une Technologie Proche des Expériences de Nikola Tesla

L'idée que la Grande Pyramide puisse fonctionner comme une centrale énergétique n'est pas sans rappeler les travaux de Nikola Tesla. Au début du XXe siècle, Tesla a construit la Tour de Wardenclyffe, un dispositif conçu pour capter et transmettre de l'énergie électromagnétique sans fil. Il prétendait que cette technologie pouvait fournir de l'électricité gratuite à grande échelle en exploitant l'énergie naturelle de la Terre.

Les similarités entre la Tour de Tesla et la pyramide de Gizeh sont frappantes. Les deux structures reposent sur l'utilisation de la résonance pour amplifier l'énergie terrestre. Elles sont conçues pour distribuer cette énergie sans recourir à des câbles conducteurs. La pyramide pourrait donc être un précurseur de la technologie que Tesla cherchait à mettre au point des millénaires plus tard.

Si les anciens Égyptiens avaient compris ces principes, cela impliquerait qu'ils maîtrisaient des concepts scientifiques que nous redécouvrons seulement aujourd'hui. L'idée que la pyramide puisse avoir été une source d'énergie ouvre des perspectives fascinantes sur les connaissances perdues des civilisations anciennes.

L'hypothèse selon laquelle la Grande Pyramide était une centrale énergétique pose de nombreuses questions. Si cette technologie existait, pourquoi a-t-elle été abandonnée ? Était-elle réservée à une élite ou à un usage rituel ? Les connaissances des anciens Égyptiens ont-elles été perdues à la suite d'un cataclysme ou d'un effondrement civilisationnel ?

Les recherches de Christopher Dunn, renforcées par les découvertes scientifiques récentes, nous obligent à repenser la fonction réelle de la Grande Pyramide. Loin d'être une simple tombe, elle pourrait représenter l'un des plus grands exploits technologiques de l'humanité. Ce monument, vieux de plusieurs millénaires, pourrait bien être la clé d'une énergie propre et illimitée, nous invitant à explorer les savoirs oubliés du passé pour mieux comprendre l'avenir.

Chapitre 10 : Les Mystères des Pierres Cyclopéennes

Si Göbekli Tepe a ouvert une brèche dans notre conception de l'histoire en prouvant que des sociétés avancées existaient bien avant les premières civilisations connues, il ne constitue pas un cas isolé. D'autres sites mégalithiques, dispersés à travers le monde et parfois séparés par plusieurs millénaires, présentent des caractéristiques architecturales similaires, remettant en question l'idée que les bâtisseurs de ces monuments aient travaillé de manière totalement indépendante.

Partout sur la planète, des civilisations anciennes ont érigé des structures monumentales aux techniques de construction sophistiquées, impliquant une maîtrise de la taille de la pierre, du transport de blocs de plusieurs tonnes et de l'ajustement précis des mégalithes sans mortier. Ces réalisations défient les capacités que l'on attribue généralement aux peuples de ces époques, et surtout, elles montrent des similitudes frappantes qui ne peuvent être simplement expliquées par des coïncidences.

Comment expliquer que des peuples séparés de plusieurs milliers de kilomètres et n'ayant aucun contact connu entre eux aient adopté les mêmes principes architecturaux, utilisant les mêmes méthodes pour ajuster des pierres colossales ou pour aligner leurs monuments selon des repères astronomiques précis ? Est-ce la conséquence d'une transmission de connaissances oubliées ou d'une convergence spontanée, où les mêmes besoins ont mené aux mêmes solutions techniques ?

L'analyse des monolithes dressés, des blocs polygonaux ajustés sans mortier, des tables dolméniques et des ornements symboliques gravés dans la pierre à travers le monde nous plonge dans un véritable mystère architectural, où la science peine encore à apporter des réponses définitives. Göbekli Tepe a prouvé que nous sous-estimions nos ancêtres, mais il n'est que le point de départ d'une remise en question plus vaste, qui nous oblige à reconsidérer les capacités des peuples anciens à collaborer, à bâtir et peut-être même à transmettre un savoir au-delà du temps et des continents.

Les Formes et Types de Pierres Mégalithiques

Les pierres mégalithiques à travers le monde présentent des formes architecturales similaires, bien que leurs cultures d'origine soient souvent éloignées de plusieurs millénaires et situées sur des continents différents. Malgré ces distances, des structures comparables se retrouvent dans des civilisations qui, selon l'archéologie conventionnelle, n'ont jamais eu de contact direct. Ces similitudes intriguent et soulèvent des questions sur les connaissances techniques et architecturales partagées par ces peuples anciens.

Les Monolithes Dressés : Symboles de Puissance et de Connexion Cosmique

Le terme monolithe dressé désigne une pierre unique, brute ou peu taillée, érigée verticalement par une civilisation ancienne.

Les monolithes dressés comptent parmi les structures mégalithiques (vient du grec ancien "mégas" qui signifie "grand", et "líthos" qui signifie "pierre") les plus emblématiques de l'architecture ancienne. Ces blocs de pierre, souvent de taille impressionnante, ont été érigés par différentes civilisations à travers le monde, témoignant d'un effort monumental et d'une

PARTIE IV : Les Monuments de l'Impossible

Depuis des siècles, l'humanité s'interroge sur l'existence de civilisations disparues, dont les vestiges témoigneraient d'un savoir oublié et d'une ingéniosité défiant les récits historiques conventionnels. Parmi ces énigmes, l'Atlantide occupe une place de choix dans l'imaginaire collectif. Mais au-delà du mythe, des indices troublants disséminés aux quatre coins du monde remettent en question notre compréhension de l'évolution des sociétés humaines.

Des sites comme Göbekli Tepe, les pyramides de Gizeh ou encore les mystérieuses mégalithes de l'île de Pâques démontrent que nos ancêtres possédaient des connaissances architecturales, astronomiques et technologiques bien plus avancées qu'on ne le pensait. Comment ces monuments ont-ils été édifiés ? Qui en sont les véritables bâtisseurs ? Et surtout, pourquoi ces civilisations semblent-elles avoir disparu sans laisser de traces dans l'histoire officielle ?

Nous allons explorer ces indices fascinants à travers une analyse des structures monumentales, des techniques de construction incomprises et des mythes universels relatant des bouleversements climatiques et des déluges apocalyptiques. Entre archéologie et spéculations, nous tenterons de percer les secrets d'un passé lointain, où se dessine peut-être la trace d'une humanité bien plus ancienne et sophistiquée que nous l'avions imaginée.

probable symbolique religieuse, astronomique ou sociale. Bien que leur signification exacte demeure en partie mystérieuse, leur récurrence dans des cultures séparées par le temps et l'espace soulève des interrogations sur leur rôle et leur fonction.

Le site le plus connu intégrant des monolithes dressés est Stonehenge, situé en Angleterre. Ce monument mégalithique, composé de plusieurs cercles concentriques de pierres levées, a été construit entre -3000 et -1500 avant notre ère. Il est constitué de grands monolithes en grès sarsen, certains atteignant 7 mètres de hauteur et pesant jusqu'à 25 tonnes, ainsi que de pierres bleues plus petites, transportées depuis le Pays de Galles, à plus de 200 km de distance. L'agencement de ces pierres suit une logique astronomique précise, indiquant des points clés du cycle solaire, notamment les solstices d'été et d'hiver. De nombreuses théories suggèrent que Stonehenge servait de calendrier astronomique, de lieu de culte ou de sanctuaire funéraire, où les populations se réunissaient pour célébrer des rites liés aux cycles naturels.

En France, le site de Carnac, situé en Bretagne, est un autre exemple fascinant de monolithes dressés organisés en alignements. Il s'agit de l'un des ensembles mégalithiques les plus impressionnants au monde, comprenant plus de 3 000 menhirs s'étendant sur plusieurs kilomètres. Certains menhirs de Carnac dépassent les 6 mètres de hauteur, et leur organisation en rangées successives laisse penser qu'ils pouvaient être utilisés comme repères astronomiques ou comme un espace rituel dédié à des pratiques religieuses inconnues. La datation de ces structures suggère qu'elles ont été érigées entre 4500 et 3300 av. J.-C., soit bien avant Stonehenge, ce qui pose la question de l'évolution des pratiques mégalithiques en Europe.

Et ce n'est pas fini. En Afrique de l'Est, les monolithes dressés sont également présents, notamment à Namoratunga, au Kenya. Ce site, daté par les archéologues d'environ 300 av. J.-C., est constitué de 19 pierres levées disposées de manière à correspondre à des alignements astronomiques liés aux cycles lunaires et stellaires utilisés par les anciennes populations couchitiques. Des chercheurs pensent que Namoratunga fonctionnait comme un observatoire astronomique, servant à établir un calendrier basé sur les mouvements des étoiles et de la lune, ce qui aurait permis aux populations locales d'organiser leurs pratiques agricoles et religieuses.

L'existence de monolithes dressés sur tous les continents indique que de nombreuses civilisations ont ressenti le besoin de marquer leur territoire avec des pierres imposantes. Ces structures pourraient symboliser la puissance spirituelle d'un peuple, son ancrage avec les forces de la nature ou encore son volonté d'inscrire sa mémoire dans le paysage. De plus, leur disposition réfléchie, souvent en lien avec des événements astronomiques, suggère que ces peuples avaient développé des connaissances avancées en observation du ciel, qu'ils utilisaient probablement pour calendrier agricole, de navigation ou de pratiques rituelles.

Le mystère demeure quant aux méthodes utilisées pour ériger ces pierres monumentales, certaines atteignant des poids colossaux, comme les menhirs de Locmariaquer en Bretagne, dont l'un pèse environ 280 tonnes. L'absence d'écrits sur les techniques de transport et d'élévation renforce l'énigme de ces sites, alimentant des théories sur des procédés avancés aujourd'hui oubliés.

Qu'il s'agisse de Stonehenge, Carnac ou Namoratunga, ces monolithes dressés reflètent une volonté universelle d'interagir avec le cosmos et de structurer l'espace selon des logiques complexes. Ces pierres levées, érigées au prix d'un immense effort collectif, symbolisent probablement un savoir ancestral, une relation spirituelle avec le ciel, et peut-être un lien perdu entre des civilisations éloignées qui partageaient des préoccupations communes.

Les monolithes dressés témoignent tous d'une obsession pour le dressage de pierres massives en des formations précises, souvent alignées sur des points astronomiques majeurs. Mais cette obsession doit-elle être considérée comme « universelle » ?

L'archéologie traditionnelle, s'appuyant sur des datations par le carbone 14, la stratigraphie et parfois l'optically stimulated luminescence (OSL), considère que ces monuments ont été construits indépendamment les uns des autres, à des périodes différentes, par des peuples qui n'avaient aucun lien direct. Cependant, une question demeure : comment des sociétés qui n'ont jamais été en contact ont-elles pu développer des techniques et des architectures aussi similaires ?

Le modèle historique dominant affirme que ces bâtisseurs étaient des sociétés néolithiques ou protohistoriques, vivant de l'agriculture et de l'élevage, sans moyens technologiques avancés. Pourtant, ces mêmes populations ont réussi à déplacer et dresser des pierres parfois colossales, certaines dépassant plusieurs dizaines de tonnes, avec une précision qui défie encore les moyens supposés de leur époque.

Dans le cas de Stonehenge, certaines pierres ont été transportées sur plus de 200 kilomètres, ce qui implique une logistique complexe et une organisation sociale avancée. À Carnac, l'alignement de plus de 3 000 menhirs sur plusieurs kilomètres, avec des pierres de tailles décroissantes formant des motifs précis, suggère une intentionnalité et une connaissance des proportions et des alignements astronomiques. Sur d'autres sites, comme Namoratunga au Kenya, les pierres semblent disposées en fonction des cycles lunaires et des étoiles.

Comment expliquer une telle similitude dans la manière de concevoir, transporter et aligner ces monolithes alors que ces civilisations ne sont censées ni se connaître, ni partager un héritage culturel commun ?

L'archéologie conventionnelle avance l'idée de l'évolution parallèle, affirmant que des peuples différents auraient développé indépendamment ces techniques, simplement en réponse à des nécessités locales. Mais cette explication ne tient que si l'on suppose que ces peuples, séparés de plusieurs millénaires et sans lien technologique, ont spontanément choisi les mêmes solutions techniques et symboliques pour ériger ces pierres en position verticale, avec souvent des orientations astronomiques similaires.

Le fait que les mêmes principes de dressage et d'alignement astronomique apparaissent dans des contextes aussi variés interroge. Pourquoi les monolithes dressés sont-ils souvent liés aux cycles solaires et lunaires ? Pourquoi retrouve-t-on presque partout une obsession pour le solstice d'été et d'hiver, comme si ces peuples suivaient une même connaissance du ciel et du temps ?

Si ces structures résultent d'un savoir empirique propre à chaque culture, pourquoi leur conception semble-t-elle suivre des logiques identiques malgré des écarts géographiques et chronologiques considérables ?

Les Blocs Polygonaux Ajustés sans Mortier : Un Mystère Architectural Universel

L'une des caractéristiques les plus intrigantes des constructions mégalithiques à travers le monde est l'utilisation de blocs polygonaux ajustés avec une précision étonnante, sans aucun mortier. Cette technique, qui permet aux blocs de s'emboîter parfaitement les uns dans les autres, défie non seulement l'érosion naturelle, mais résiste également aux séismes, défiant parfois les explications conventionnelles sur les moyens techniques supposés disponibles à l'époque.

Les exemples les plus impressionnants de cette architecture se trouvent dans l'Empire inca, où des sites comme Sacsayhuamán, Ollantaytambo et Machu Picchu présentent des murailles constituées de blocs gigantesques, taillés avec une telle précision que même une lame de rasoir ne peut s'y glisser. Les pierres, souvent de forme irrégulière et pesant plusieurs dizaines de tonnes, semblent avoir été découpées et ajustées de manière à s'emboîter les unes dans les autres comme un puzzle tridimensionnel.

Ce type d'assemblage, loin d'être limité aux Andes, se retrouve dans des régions aussi éloignées que l'Égypte, où des blocs cyclopéens semblables sont visibles à l'Osirion d'Abydos, ainsi qu'au Japon, dans les mystérieuses ruines sous-marines de Yonaguni. Ces similarités posent une question fondamentale : cette technique a-t-elle été développée indépendamment par différentes civilisations, ou existait-il un savoir universel en matière de taille et d'assemblage de la pierre qui aurait été partagé ou hérité d'une civilisation antérieure oubliée ?

L'Ingéniosité Architecturale des Incas : Un Savoir Oublié ?

L'Empire inca, bien qu'étant l'un des derniers à s'être développé avant l'arrivée des Européens en Amérique du Sud, a laissé des témoignages impressionnants de maîtrise architecturale. Les murs de Sacsayhuamán, à Cusco, sont constitués de blocs de plusieurs tonnes, taillés et assemblés sans mortier mais avec une précision telle que ces murs ont survécu aux séismes dévastateurs qui ont pourtant réduit en ruines de nombreuses constructions modernes aux alentours.

Les spécialistes supposent que les Incas utilisaient une méthode de taille à percussion, combinée à un polissage méticuleux de la roche. Pourtant, aucun outil de fer ou d'acier n'a été retrouvé sur ces sites, ce qui interroge sur la manière dont ils ont réussi à atteindre une telle précision avec des outils supposément rudimentaires en cuivre ou en pierre.

L'utilisation d'un ajustement polygonal, où chaque bloc est taillé avec des faces irrégulières mais parfaitement adaptées à celles des blocs voisins, permet de répartir la charge du mur et de le rendre anti-sismique. Ce procédé est si efficace que, même après des siècles de tremblements de terre, ces murs tiennent encore debout, alors que les constructions coloniales espagnoles bâties sur ces fondations ont souvent été détruites.

Les archéologues conventionnels estiment que les Incas ont développé ces techniques de manière empirique, à partir des traditions des cultures pré-incas comme les Tiahuanaco et Wari. Mais cette hypothèse ne répond pas à une question majeure : pourquoi retrouve-t-on une technique similaire sur d'autres continents, parfois dans des structures bien plus anciennes que celles des Incas ?

L'Osirion d'Abydos : Un Parallèle Égyptien Étrange

En Égypte, l'Osirion, situé à Abydos, est un temple souterrain dont la construction diffère radicalement des autres temples égyptiens. Ses murs sont composés de blocs massifs de granit, pesant parfois plus de 100 tonnes, assemblés avec un ajustement similaire à celui observé au Pérou.

partagé une même fascination pour la représentation du pouvoir, du sacré ou de la transcendance à travers la monumentalisation du visage humain.

Ces similitudes entre les gravures et sculptures du monde antique laissent entrevoir une structure mentale commune aux sociétés anciennes. Que ces motifs aient été élaborés indépendamment ou qu'ils soient le vestige d'un savoir partagé, ils témoignent d'un langage universel inscrit dans la pierre, traversant le temps et l'espace. Il est possible que ces œuvres soient les dernières traces visibles d'une mémoire collective, dont le sens originel nous échappe encore mais dont la résonance persiste à travers les civilisations.

Un Cloisonnement de l'Archéologie Traditionnelle : Un Obstacle à une Vision Globale

L'un des principaux obstacles auxquels fait face l'archéologie traditionnelle est son approche strictement cloisonnée. Chaque site est souvent étudié comme une entité indépendante, sans lien explicite avec d'autres civilisations ou contextes géographiques. Cela est particulièrement flagrant dans le cas de l'île de Pâques. Si l'on analyse chaque fragment d'un puzzle sans chercher à comprendre l'image globale qu'il constitue, le résultat est inévitablement incomplet. Cette méthode, bien qu'utile pour des études précises, limite sévèrement la capacité à déceler des schémas ou des interactions entre civilisations. Or, plusieurs indices suggèrent que l'île de Pâques pourrait être une pièce maîtresse d'un réseau global de civilisations anciennes.

Prenons, par exemple, les mains longilignes sculptées sur les Moaïs, souvent représentées près du nombril. Ce détail, loin d'être anodin, évoque des motifs similaires retrouvés dans d'autres sites mégalithiques à travers le monde, comme ceux de Göbekli Tepe en Turquie ou des sculptures retrouvées à Tiwanaku en Bolivie. Ces similitudes iconographiques ne peuvent être simplement ignorées comme des coïncidences. Elles soulèvent des questions sur d'éventuels échanges culturels ou une transmission de savoirs à une époque que nous peinons encore à documenter. Pourtant, ces connexions potentielles ne sont presque jamais explorées par l'archéologie traditionnelle, qui peine à dépasser son cadre régional.

Figure de Moaï avec les mains longilignes apparentes sur le nombril. Crédit photo : J B via Pexels

Ponce Stela avec mains sur le nombril, dans la cour engloutie du Temple Kalasasaya, à Tiwanaku en Bolivie.

Au-delà de la méthode, il faut également questionner les biais de l'archéologie contemporaine, souvent prisonnière d'une vision linéaire du progrès humain. Reconnaître que des civilisations anciennes, comme celle des Rapa Nui, auraient pu accéder à des technologies ou des savoirs perdus remettrait en question le récit dominant selon lequel la modernité est le summum de l'évolution humaine. Ce paradigme est particulièrement visible dans l'interprétation des structures mégalithiques du monde entier, de Stonehenge aux pyramides égyptiennes, en passant par l'île de Pâques.

En réalité, l'isolement de ces analyses et leur incapacité à explorer les connexions potentielles entre ces sites trahit un aveu d'impuissance. Cette approche cloisonnée conduit à des hypothèses invérifiables ou invérifiées, construites uniquement pour fournir des explications superficielles et préserver l'illusion d'un savoir établi. Mais est-il encore possible de maintenir cette posture face aux indices croissants d'interactions globales à travers les âges ?

L'énigme des Rapa Nui et l'Héritage d'une Civilisation Oubliée

L'île de Pâques, ou Rapa Nui, est un mystère tant par son isolement que par la sophistication de ses statues monumentales. Les théories conventionnelles attribuent l'origine des Rapa Nui à une migration polynésienne. Cependant, à mesure que l'on creuse les données archéologiques et génétiques, un doute fascinant émerge : ces insulaires pourraient-ils être les héritiers d'une civilisation ancienne, dotée de connaissances aujourd'hui perdues, qui aurait influencé le monde bien au-delà des mers du Pacifique ?

Techniques de Taille et d'Assemblage des Pierres : Un Défi Technologique Ancien

Les méthodes utilisées par les civilisations anciennes pour tailler, assembler et ériger les structures mégalithiques posent un véritable mystère technologique. Alors que l'archéologie conventionnelle suggère l'utilisation d'outils rudimentaires en pierre ou en cuivre, certaines réalisations semblent défier ces hypothèses par leur précision exceptionnelle et la nature même des roches travaillées. Le granit, le basalte et d'autres pierres extrêmement dures ont été découpés, façonnés et assemblés avec une minutie que l'on peine à reproduire aujourd'hui sans outils modernes.

L'une des techniques les plus fascinantes observées sur plusieurs continents est la coupe en formes polygonales, qui permet un assemblage parfait des blocs sans mortier. À Sacsayhuamán, au Pérou, des pierres de plusieurs dizaines de tonnes ont été taillées de façon à s'imbriquer avec une précision telle qu'aucun espace ne subsiste entre elles. Cet agencement, qui assure une grande résistance aux séismes, témoigne d'une connaissance avancée des forces mécaniques et des propriétés des matériaux. Des constructions similaires se retrouvent en Égypte, notamment à l'Osirion d'Abydos, où des blocs cyclopéens s'emboîtent avec une précision millimétrique, défiant les techniques de construction supposées disponibles à l'époque.

Un autre exemple frappant se trouve à Puma Punku, en Bolivie. Ce site présente des blocs taillés en forme de "H", qui s'alignent parfaitement et suggèrent une conception modulaire, un procédé rarement observé dans l'architecture antique. La qualité du travail de taille et la géométrie complexe de ces pierres laissent penser que ces bâtisseurs maîtrisaient des techniques avancées de découpe et de transport il y a plusieurs millénaires. Cette précision intrigue d'autant plus que Puma Punku repose à plus de 3 800 mètres d'altitude, dans une région où l'oxygène se fait plus rare, compliquant encore davantage l'accomplissement d'un tel travail manuel.

Un autre aspect mystérieux de ces constructions concerne la vitrification et le polissage des pierres, qui témoignent d'une connaissance avancée des traitements thermiques. À Puma Punku, certaines surfaces de pierre sont polies au point de refléter la lumière, comme si elles avaient été exposées à une chaleur intense. Ce phénomène de vitrification ne se limite pas à l'Amérique du Sud. Des traces similaires sont observées dans certains temples indiens et incas, ainsi que sur des vestiges égyptiens et asiatiques. La question reste posée : ces surfaces vitrifiées ont-elles été obtenues par des procédés thermiques avancés, impliquant une température extrêmement élevée ? Ont-elles été traitées à l'aide d'acides naturels ou d'autres procédés chimiques ? Ces méthodes, si elles ont existé, restent inconnues et n'ont laissé que peu de traces archéologiques permettant d'en percer le secret.

L'utilisation de mortier ou d'agrafes métalliques dans l'assemblage de blocs mégalithiques est un autre élément intrigant. Dans certains sites du Pérou, des agrafes métalliques ont été insérées dans des entailles creusées dans les pierres, renforçant ainsi leur liaison. Une technique similaire est visible en Égypte, où certaines structures mégalithiques présentent d'étranges entailles en queue d'aronde, conçues pour accueillir un système de fixation métallique. La présence de ces agrafes métalliques, souvent en cuivre ou en alliages plus complexes, soulève une question sur le niveau de développement métallurgique de ces civilisations et sur la possible transmission de cette technique à travers le monde.

De Gizeh à Teotihuacan : L'Étonnante Universalité des Pyramides

Les techniques de taille et d'assemblage des pierres, telles qu'observées à Göbekli Tepe et dans d'autres structures mégalithiques, ont mis en lumière un savoir-faire bien plus avancé que ce que l'archéologie conventionnelle avait envisagé. Cette remise en question s'étend bien au-delà des simples mégalithes et s'invite dans l'un des types de monuments les plus énigmatiques et omniprésents de l'histoire : les pyramides.

Il est frappant de constater que des pyramides existent sur presque tous les continents, souvent dotées de caractéristiques architecturales et mathématiques similaires, bien que leurs constructeurs supposés n'aient eu, selon l'histoire officielle, aucun contact les uns avec les autres. La récurrence de cette forme architecturale dans des civilisations aussi éloignées que l'Égypte, la Mésoamérique, la Chine, l'Indonésie et même l'Europe pose la question de l'origine de ce concept. Est-il possible que chaque civilisation ait spontanément conçu des pyramides de manière totalement indépendante, ou assistons-nous aux traces d'un savoir global oublié, transmis d'une manière ou d'une autre à travers les âges ?

Lorsqu'on évoque les pyramides, l'image des monuments égyptiens de Gizeh vient immédiatement à l'esprit. Pourtant, cette vision est réductrice. Il existe des centaines de pyramides dans le monde, et certaines sont bien plus anciennes que celles d'Égypte ou présentent des techniques de construction tout aussi impressionnantes, voire inexpliquées.

L'archéologie conventionnelle tend à expliquer cette diffusion mondiale des pyramides par un besoin structurel : une base large et une élévation progressive permettraient d'assurer la stabilité du monument, ce qui en ferait une forme naturelle pour des tombeaux ou des sanctuaires religieux. Cependant, cette explication laisse de côté un point essentiel : les propriétés mathématiques, acoustiques et astronomiques avancées que ces pyramides partagent souvent, et qui supposent un savoir bien plus élaboré qu'une simple nécessité architecturale.

La diversité des pyramides à travers le monde témoigne de l'ampleur de cette question. Le Soudan, par exemple, possède le plus grand nombre de pyramides au monde, bien que celles-ci soient souvent ignorées au profit des plus célèbres pyramides égyptiennes. Situées dans l'ancien royaume de Koush, elles bordent le Nil, comme si elles faisaient écho à celles de Gizeh. Malgré cela, aucun lien historique officiel n'a été établi entre les bâtisseurs de Méroé et les architectes de l'Égypte pharaonique, ce qui pose une première coïncidence troublante.

Au-delà de l'Afrique, l'Amérique latine abrite elle aussi des pyramides monumentales, notamment dans les civilisations mayas et mésoaméricaines. Le site de Chichén Itzá, au Mexique, en est l'exemple le plus frappant, avec une pyramide qui présente des propriétés acoustiques incroyables. Lorsqu'on frappe des mains devant le temple de Kukulcán, l'écho produit imite le cri du quetzal, un oiseau sacré pour les Mayas. Ce détail, loin d'être un hasard, témoigne d'une maîtrise avancée de l'acoustique architecturale, un savoir que l'on retrouve aussi dans la construction de certains temples et pyramides en Égypte.

Pyramide de Chichén Itza au Mexique. Crédit photo : Diego Alberto Martínez Mendoza via Pexels

Les pyramides de Teotihuacan, en périphérie de Mexico, ajoutent un élément encore plus mystérieux au débat. La pyramide du Soleil, l'un des plus grands monuments précolombiens, partage plusieurs proportions mathématiques avec la Grande Pyramide de Khéops, notamment dans son alignement avec certaines constellations et sa relation avec le nombre d'or. Comment expliquer de telles similitudes alors que ces civilisations sont censées avoir évolué de manière isolée ?

Encore plus fascinant, certaines pyramides ne se trouvent même plus sur la terre ferme, mais sous l'eau. La découverte de Yonaguni, au Japon, a ajouté une dimension supplémentaire à cette énigme. Cette structure sous-marine, qui ressemble fortement à une pyramide, est située à plus de 25 mètres sous le niveau de la mer et semble avoir été submergée il y a plus de 10 000 ans, soit bien avant la date supposée des premières civilisations bâtisseuses. Si cette structure est bien artificielle, cela signifierait que des constructions monumentales existaient bien avant l'essor des civilisations connues, ce qui remettrait profondément en cause notre chronologie historique.

En Indonésie, le site de Gunung Padang, longtemps considéré comme une simple colline naturelle, a révélé des couches archéologiques successives suggérant la présence d'une structure pyramidale vieille de plusieurs dizaines de milliers d'années. Cette datation, si elle est confirmée, signifierait que l'histoire humaine est bien plus ancienne et complexe que nous ne l'avons admis jusqu'ici.

Enfin, il est difficile de ne pas évoquer les pyramides chinoises, dont certaines sont encore aujourd'hui très peu étudiées. Situées principalement dans les provinces du Shaanxi et du Shandong, elles ressemblent davantage à des tumulus pyramidaux, ce qui alimente encore davantage le débat sur la diversité des formes pyramidales et leurs possibles liens culturels.

Si certaines de ces structures peuvent être expliquées par des évolutions locales et des traditions architecturales propres à chaque culture, d'autres semblent défier cette logique et suggérer un modèle global de transmission des connaissances. Comment expliquer qu'autant de civilisations aient construit des pyramides avec des alignements précis sur des points astronomiques ? Pourquoi certaines pyramides, comme celles d'Égypte ou du Mexique, semblent avoir été conçues selon des principes mathématiques avancés que l'on retrouve dans plusieurs cultures sans lien apparent ?

L'ensemble de ces observations pose une question fondamentale : ces monuments sont-ils simplement le fruit d'une évolution parallèle des techniques architecturales, ou sont-ils les derniers vestiges d'un savoir ancien et diffusé à travers le monde ? Les pyramides, loin d'être de simples tombeaux, semblent témoigner d'une science architecturale et astronomique avancée, partagée à travers les âges par des civilisations dont nous avons peut-être sous-estimé l'ancienneté et les connexions.

L'idée d'une civilisation bâtisseuse bien plus ancienne que les peuples que nous connaissons est-elle une simple spéculation ou un indice que l'histoire officielle est encore incomplète ? Göbekli Tepe a déjà démontré que des constructions monumentales existaient bien avant l'époque que nous leur accordions. Peut-être est-il temps d'appliquer cette même réflexion aux pyramides et de reconsidérer l'histoire des civilisations anciennes sous un angle nouveau.

Chapitre 11 : Un Monde Avant le Nôtre : Les Survivants du Dryas Récent

Le Dryas récent est une période climatique marquante qui s'étend d'environ 12 900 à 11 700 ans avant notre époque. Ce refroidissement brutal, qui a interrompu la transition post-glaciaire, a provoqué des changements environnementaux radicaux et a profondément affecté les écosystèmes, la faune et les populations humaines. Cet événement constitue un tournant clé entre le Pléistocène et l'Holocène, l'époque actuelle, et soulève encore aujourd'hui de nombreuses questions quant à ses causes et ses conséquences.

Un Refroidissement Brutal et Global

Les analyses des carottes de glace prélevées au Groenland ont révélé une chute des températures pouvant atteindre entre 7 et 15°C en quelques décennies seulement, affectant principalement l'hémisphère nord. Ce refroidissement a provoqué une réexpansion rapide des glaciers en Europe et en Amérique du Nord, tandis que plusieurs régions du globe ont connu un climat plus sec et venteux.

Les géologues ont mis en évidence plusieurs indices confirmant ce changement climatique rapide. L'étude des isotopes d'oxygène (O18/O16) dans les couches glaciaires a mis en lumière des fluctuations brutales de température. L'analyse des sédiments lacustres et des dépôts de lœss révèle une augmentation des dépôts éoliens, signe d'un environnement plus aride et marqué par des vents intenses. L'élévation du niveau des lacs proglaciaires, en Amérique du Nord et en Scandinavie, témoigne également d'une réavancée des glaciers et de modifications des régimes hydrologiques.

Les Hypothèses sur la Cause du Dryas Récent

Les scientifiques ont avancé plusieurs théories pour expliquer ce refroidissement, dont deux principales dominent le débat.

Le Drainage Catastrophique du Lac Glaciaire Agassiz

L'une des hypothèses les plus étudiées est celle de la libération massive d'eau douce dans l'Atlantique Nord, à la suite de l'effondrement des barrages de glace retenant le lac glaciaire Agassiz, situé dans l'actuel Canada. Ce gigantesque lac proglaciaire s'était formé à la fin de la dernière glaciation et, lorsque la barrière de glace qui le retenait a cédé, des milliards de mètres cubes d'eau douce se sont déversés brutalement dans l'océan Atlantique Nord.

Cet afflux massif d'eau douce aurait perturbé la circulation thermohaline, un système de courants océaniques régulant le climat terrestre. Le Gulf Stream, essentiel au climat tempéré de l'Europe, aurait été considérablement ralenti, voire stoppé, empêchant le transport de chaleur vers l'hémisphère nord et déclenchant un refroidissement rapide. Des simulations climatiques modernes confirment qu'un tel événement aurait suffi à provoquer un changement climatique similaire à celui du Dryas récent.

L'Hypothèse d'un Impact Cosmique

Une autre hypothèse, plus controversée, suggère qu'une comète ou un astéroïde aurait explosé dans l'atmosphère, au-dessus de l'Amérique du Nord ou de l'Europe, déclenchant une série de catastrophes environnementales.

Les géologues ont découvert plusieurs indices troublants dans les couches sédimentaires datant du début du Dryas récent. On y retrouve une concentration anormalement élevée de nanodiamants, qui se forment sous des pressions extrêmes typiques d'un impact. Certaines strates contiennent également des sphérules métalliques et du verre fondu, suggérant une combustion intense. Une augmentation inhabituelle des niveaux de platine, un élément souvent associé aux astéroïdes, a été détectée sur plusieurs sites géologiques de cette période.

Si un tel événement a eu lieu, il aurait pu déclencher des incendies massifs à l'échelle continentale, projetant dans l'atmosphère d'énormes quantités de suie et de poussières. Cette opacité atmosphérique aurait réduit la lumière solaire, provoquant un refroidissement brutal, similaire à un hiver nucléaire. Cette hypothèse, encore débattue, expliquerait non seulement le changement climatique mais aussi la disparition soudaine de nombreuses espèces animales.

Impact du Dryas Récent sur la Faune et les Populations Humaines

Le Dryas récent a entraîné des conséquences dévastatrices sur la faune et les sociétés humaines. L'un des impacts majeurs a été l'extinction massive de la mégafaune nord-américaine. Plus de 70 % des grands mammifères ont disparu, parmi lesquels les mammouths laineux, mastodontes, paresseux géants, chevaux nord-américains et tigres à dents de sabre.

Cette extinction est souvent attribuée à une combinaison de changements climatiques et de surchasse par les humains. La baisse des températures et la raréfaction des ressources végétales auraient entraîné un effondrement de la chaîne alimentaire. En parallèle, les populations humaines de la culture Clovis, qui utilisaient des outils de chasse sophistiqués, ont pu exercer une pression supplémentaire sur ces espèces déjà affaiblies.

Les sociétés humaines ont dû s'adapter rapidement à ces nouvelles conditions. En Amérique du Nord, la culture Clovis a disparu en quelques siècles, remplacée par d'autres traditions. En Europe et en Asie, certaines populations ont modifié leur régime alimentaire et leurs modes de vie pour survivre. Au Proche-Orient, ce bouleversement pourrait avoir accéléré la transition vers l'agriculture, certaines communautés ayant cherché à stabiliser leur subsistance face à un climat plus froid et plus sec.

Pourquoi la Température a Réaugmenté après le Dryas Récent ?

Le réchauffement qui a mis fin au Dryas récent s'explique par plusieurs processus interconnectés. La réactivation du Gulf Stream, après la réduction des apports d'eau douce dans l'Atlantique, a permis aux courants océaniques de reprendre leur circulation normale, réchauffant progressivement l'hémisphère nord.

Un autre facteur clé a été la diminution de l'albédo terrestre. Avec la fonte des glaciers, les surfaces claires et réfléchissantes ont laissé place à des surfaces plus sombres, absorbant davantage d'énergie solaire et accélérant le réchauffement.

Enfin, des modifications atmosphériques ont redistribué les précipitations et les courants de vent à l'échelle planétaire. En parallèle, les cycles astronomiques de Milankovitch, qui influencent l'insolation reçue par la Terre, ont favorisé une montée progressive des températures.

L'Influence du Dryas Récent sur l'Évolution Humaine

Cette période climatique a marqué un tournant fondamental dans l'histoire humaine. Le refroidissement brutal a forcé les populations à migrer, innover et adapter leurs stratégies de subsistance. Certains groupes ont disparu des archives archéologiques, non pas nécessairement par extinction, mais parce qu'ils ont changé de mode de vie.

En Amérique du Nord, la culture Clovis s'est éteinte avec la disparition de la mégafaune, laissant place à d'autres traditions comme la culture Folsom. En Eurasie, les chasseurs-cueilleurs ont migré vers des zones plus hospitalières, modifiant leur mode d'alimentation. Au Proche-Orient, le stress climatique a probablement accéléré l'émergence des premières communautés agricoles, poussant les humains à abandonner le nomadisme pour cultiver leurs propres ressources.

Un Chapitre Clé dans l'Histoire Perdue de l'Humanité

Le Dryas récent ne fut pas seulement un épisode climatique brutal, il pourrait être l'un des événements les plus méconnus et pourtant les plus déterminants de notre passé. En remettant en question la stabilité des civilisations paléolithiques, il aurait marqué la disparition d'un monde antérieur, celui d'une humanité dont les vestiges matériels sont rares, mais dont l'ombre plane sur les mégalithes et les mythes ancestraux.

Les bouleversements climatiques de cette période n'ont pas seulement modifié l'environnement. Ils ont aussi, selon certains indices, effacé les traces d'une culture avancée, qui aurait pu exister avant l'avènement des civilisations que nous considérons comme les premières. Loin de se limiter à de simples ajustements écologiques, le Dryas récent pourrait être la clé de voûte d'une réécriture complète de l'histoire.

Si l'histoire traditionnelle enseigne que le Dryas récent a précipité l'humanité vers l'agriculture et la sédentarisation, une autre lecture s'impose. Et si cet événement avait été le dernier acte d'une grande tragédie, celle d'une humanité oubliée, contrainte de tout recommencer à zéro ? Göbekli Tepe, par sa datation inexplicable et sa sophistication technique, semble porter en lui le témoignage d'un legs perdu. D'autres structures, aux quatre coins du monde, pourraient bien raconter la même histoire, celle d'un savoir ancien, englouti sous les eaux et les sédiments, attendant que l'on en redécouvre les clés.

L'étude du Dryas récent ne se limite donc pas à la compréhension d'un changement climatique. Elle ouvre une brèche dans le dogme historique, obligeant à reconsidérer l'origine véritable des premières grandes civilisations et à poser cette question fondamentale : sommes-nous les premiers bâtisseurs, ou les héritiers d'un monde plus ancien que nous ne l'imaginions ?

Le Mythe du Déluge : Un Souvenir des Cataclysmes du Dryas Récent ?

L'un des récits les plus universels transmis par les civilisations du monde entier est celui du Déluge, une catastrophe planétaire impliquant des inondations massives, la disparition de terres entières et la survie miraculeuse d'un petit groupe d'humains. On retrouve ce mythe sous différentes formes dans les textes sumériens, la Bible, les traditions hindoues, les récits amérindiens et même les légendes chinoises. Ce qui frappe dans ces récits, ce n'est pas seulement leur omniprésence, mais aussi leur convergence autour d'éléments récurrents : une montée des eaux soudaine, un cataclysme perçu comme une punition divine ou un bouleversement inévitable, et un savoir préservé par une poignée de survivants.

L'archéologie conventionnelle considère souvent ces récits comme de simples allégories, des symboles de purification ou de régénération. Pourtant, en replaçant ces mythes dans le contexte des bouleversements climatiques du Dryas récent et du début de l'Holocène, il devient plausible que ces traditions soient les vestiges d'un souvenir collectif, transmis oralement à travers les générations. Ces récits pourraient être la mémoire déformée de cataclysmes bien réels, vécus par nos ancêtres lorsque les glaciers fondaient et que le niveau des mers s'élevait brutalement.

La Montée des Mers et la Submersion de Terres Anciennes

À la fin du Dryas récent, la Terre a connu un réchauffement climatique brutal, mettant un terme à des millénaires de froid intense. Ce changement rapide a entraîné une fonte massive des calottes glaciaires, provoquant une élévation spectaculaire du niveau des océans. En l'espace de quelques millénaires, le niveau marin a monté de 30 à 60 mètres, engloutissant d'anciennes terres habitées qui avaient été le refuge de communautés humaines depuis des milliers d'années.

Aujourd'hui, des régions autrefois émergées et densément peuplées sont entièrement submergées. Ces zones auraient pu être les sources historiques des récits de déluges, conservés dans les traditions orales des peuples déplacés. Parmi les terres disparues, plusieurs sites correspondent étonnamment aux zones décrites dans les mythes :

- **La Béringie**, un vaste territoire reliant autrefois l'Asie à l'Amérique du Nord, aujourd'hui immergé sous le détroit de Béring. Les premières migrations humaines vers l'Amérique ont eu lieu à cet endroit, et sa submersion aurait pu marquer un tournant majeur pour les peuples vivant dans cette région.
- **Le Doggerland**, une immense plaine fertile qui reliait la Grande-Bretagne au continent européen. Vers 6500 av. J.-C., elle a été progressivement submergée par la montée des eaux de la mer du Nord. Cette région, riche en ressources et en mégafaune, aurait pu abriter des populations importantes avant d'être engloutie.
- **Le Golfe Persique**, qui était autrefois une large plaine fertile où des communautés pré-mésopotamiennes auraient prospéré avant que la montée des eaux ne transforme cette région en une mer intérieure. Des chercheurs suggèrent que cet événement pourrait être à l'origine des légendes sumériennes de villes englouties.
- **La Mer Noire**, dont un afflux brutal d'eau salée en provenance de la Méditerranée, vers **5600 av. J.-C.**, aurait transformé un lac d'eau douce en mer intérieure, forçant les populations riveraines à l'exode. Cette hypothèse, proposée par certains géologues, correspond étrangement au récit biblique de Noé et au mythe mésopotamien d'Utnapishtim, où des populations sont chassées par des flots incontrôlables.

Chacun de ces lieux aurait pu être le cadre d'une catastrophe mémorable, suffisamment marquante pour être racontée, puis transformée en mythe sacré à travers les générations.

Les Crues Catastrophiques des Lacs Glaciaires : Des Déluges Instantanés

Au-delà de la montée progressive des océans, la fin du Dryas récent a été marquée par des inondations soudaines et massives, déclenchées par la vidange brutale de lacs glaciaires géants.

Pendant plusieurs milliers d'années, les eaux de fonte des glaciers avaient été piégées derrière d'énormes barrages de glace. Lorsque ces barrages ont cédé sous l'effet du réchauffement, d'immenses volumes d'eau ont déferlé sur les terres basses, provoquant des inondations cataclysmiques d'une ampleur inimaginable.

Le lac glaciaire Agassiz, en Amérique du Nord, en est l'exemple le plus impressionnant. À lui seul, il contenait une quantité d'eau douce équivalente à plusieurs fois le volume des Grands Lacs actuels. Lorsque la glace qui le retenait a cédé, l'eau s'est déversée d'un coup dans l'Atlantique Nord, modifiant les courants océaniques et contribuant au refroidissement du Dryas récent. Un tel déversement aurait été perçu par les populations préhistoriques comme un châtiment des dieux, un cataclysme total éradiquant leurs terres en quelques jours ou semaines.

D'autres événements similaires se sont produits ailleurs dans le monde. Les crues subites du fleuve Mississippi, du Danube ou encore du fleuve Jaune en Chine ont pu laisser des souvenirs de villes et de villages détruits par des raz-de-marée inattendus. Ces inondations fulgurantes ont eu un impact majeur sur les sociétés de l'époque, forçant les survivants à migrer et à reconstruire leur mode de vie ailleurs.

Des Mythes Ancrés dans une Mémoire Ancienne

Si le Dryas récent et la transition vers l'Holocène ont été marqués par des catastrophes climatiques et hydrologiques d'une ampleur sans précédent, il est légitime de se demander comment ces événements ont pu influencer la culture des civilisations suivantes. Il est peu probable que des peuples ayant vécu ces bouleversements n'en aient gardé aucun souvenir.

Les mythes du Déluge partagent un noyau narratif universel : une civilisation menacée, un avertissement (souvent divin), une grande inondation qui recouvre la terre, et un groupe d'élus qui survit pour reconstruire l'humanité.

De nombreuses civilisations anciennes ont transmis des récits de destruction par l'eau, souvent perçus comme une punition divine suivie du sauvetage miraculeux d'un petit groupe d'humains. Ces récits, bien qu'ancrés dans des contextes culturels variés, présentent des similitudes frappantes qui laissent penser qu'ils pourraient être des souvenirs transformés d'événements réels vécus par les ancêtres de ces peuples.

L'un des mythes les plus anciens et les mieux documentés est celui du Déluge de l'Épopée de Gilgamesh, provenant de la Mésopotamie. Dans cette légende sumérienne, Utnapishtim est averti par le dieu Ea qu'un cataclysme imminent va engloutir le monde. Pour se sauver, il reçoit l'ordre de construire une embarcation gigantesque et d'y embarquer sa famille, des artisans ainsi que des animaux de chaque espèce. Après six jours et six nuits de tempête, le bateau s'échoue sur le mont Nisir, et Utnapishtim envoie des oiseaux pour vérifier si les eaux ont baissé. Ce récit, gravé sur des tablettes d'argile datant d'environ 2 500 av. J.-C., constitue la première version connue du mythe du Déluge.

Une version plus tardive de cette histoire apparaît dans la Bible, avec le récit de Noé et son arche. Dieu, voyant la corruption des hommes, décide d'envoyer un déluge pour purifier la Terre. Il choisit Noé, un homme juste, et lui ordonne de construire une immense arche où il devra abriter sa famille ainsi qu'un couple de chaque espèce animale. La pluie tombe pendant quarante jours et quarante nuits, engloutissant toute la surface de la Terre. Lorsque les eaux commencent à se retirer, l'arche se pose sur le mont Ararat. Noé envoie successivement un corbeau, puis une colombe, qui revient avec un rameau d'olivier, signe que la terre réapparaît. Cette histoire, rapportée dans le Livre de la Genèse, montre une forte influence mésopotamienne, ce qui suggère une transmission culturelle de ce récit sur plusieurs siècles.

Dans la tradition hindoue, un récit similaire existe dans le Satapatha Brahmana et le Mahabharata, qui racontent comment le dieu Vishnu, sous la forme d'un poisson, avertit Manu qu'un déluge va submerger le monde. Vishnu lui ordonne alors de construire une arche et de s'y réfugier avec les graines de toutes les plantes et les représentants des différentes espèces animales. Lorsque les eaux montent, le poisson divin attache l'arche à sa corne et la guide jusqu'à un sommet émergé. Ce mythe symbolise la préservation du dharma et le renouveau de la création après une destruction cosmique.

Dans les cultures autochtones d'Amérique du Nord, plusieurs légendes racontent également des inondations catastrophiques qui ont bouleversé les premiers peuples. Chez les Hopis, le déluge est vu comme un acte de purification causé par le non-respect des lois spirituelles. Selon certaines traditions sioux et algonquines, l'humanité aurait survécu en s'accrochant à des canots ou en escaladant des montagnes sacrées. Des récits similaires se retrouvent en Amérique du Sud, chez les Incas et les Mayas, où des dieux annoncent un cataclysme aquatique qui détruit le monde avant qu'une nouvelle ère ne commence.

En Chine, les chroniques anciennes relatent un déluge massif qui aurait menacé la civilisation. Ce récit met en scène l'empereur Yu le Grand, fondateur de la dynastie Xia, qui aurait sauvé son peuple en développant des techniques hydrauliques avancées pour maîtriser les eaux et endiguer les crues. Selon la légende, Yu aurait travaillé pendant plusieurs décennies à la construction de digues et de canaux, guidant ainsi la Chine vers une ère de stabilité. Certaines découvertes archéologiques récentes suggèrent que cet épisode pourrait correspondre à une véritable inondation massive survenue le long du fleuve Jaune, ayant forcé des populations entières à se déplacer.

Tous ces récits, bien que variant selon les cultures, partagent des motifs communs. Ils évoquent un déluge envoyé par des puissances supérieures, la nécessité pour un héros ou un élu de construire un refuge flottant, la préservation de la vie, et un nouveau départ après le retrait des eaux. Si ces récits trouvent un écho dans tant de civilisations, c'est peut-être parce qu'ils conservent la mémoire de catastrophes climatiques réelles ayant marqué les sociétés humaines anciennes.

Si ces mythes sont bien les vestiges de catastrophes réelles, alors ils confirment l'idée que certaines civilisations aujourd'hui disparues pourraient avoir existé bien avant ce que nous admettons, et que leurs traces ont été englouties par ces déluges. Peut-être ne sommes-nous qu'aux prémices de la découverte d'un passé bien plus riche et complexe que ce que l'histoire conventionnelle a jusqu'ici accepté.

Le Mythe du Déluge : Convergences culturelles ou traces d'une civilisation oubliée ?

Le fait que des civilisations séparées par des milliers de kilomètres et d'années relatent le même mythe du Déluge est un sujet qui divise. L'archéologie classique y voit une coïncidence culturelle résultant de l'expérience commune des peuples face aux catastrophes naturelles et aux cycles de la nature. L'archéologie alternative, quant à elle, suggère l'existence d'une mémoire ancienne partagée, voire la trace d'une civilisation antédiluvienne dont l'histoire aurait été perdue mais dont les mythes auraient survécu.

Les explications traditionnelles et les limites de l'archéologie alternative

Selon l'archéologie classique et les sciences humaines, le mythe du Déluge est une construction culturelle indépendante, née du vécu commun des sociétés humaines face aux phénomènes climatiques extrêmes. Les grandes inondations et les catastrophes naturelles, telles que les crues soudaines des fleuves ou les tsunamis, auraient marqué les esprits au point d'être transmises sous forme de récits mythiques.

Les chercheurs avancent que la montée rapide du niveau des mers après le Dryas récent a forcé des populations à se déplacer, notamment avec l'inondation de zones aujourd'hui sous l'eau comme le Doggerland en Europe, la Béringie entre l'Asie et l'Amérique du Nord ou encore la possible inondation brutale de la mer Noire vers 5600 av. J.-C. Ces bouleversements auraient laissé une empreinte durable dans la mémoire des peuples qui en ont été témoins, expliquant pourquoi tant de civilisations possèdent des récits de déluge sans avoir eu besoin d'interactions directes.

L'explication traditionnelle repose également sur le principe d'inconscient collectif, développé par Carl Jung, qui suggère que certaines structures psychiques et mythologiques se retrouvent universellement dans les sociétés humaines. La destruction par l'eau, suivie d'une renaissance, serait un archétype profond, illustrant la peur instinctive des catastrophes naturelles et la nécessité d'un renouveau spirituel et social.

L'argument scientifique contre une origine commune du mythe repose sur l'absence de preuves matérielles directes d'une civilisation avancée qui aurait précédé les sociétés connues. L'archéologie n'a jusqu'ici mis au jour aucune structure urbaine engloutie correspondant à un peuple technologiquement plus avancé que ceux de l'époque néolithique. Les vestiges submergés, comme ceux de Dwarka en Inde ou les structures sous-marines de Yonaguni au Japon, sont considérés par la communauté scientifique comme des formations naturelles ou des civilisations locales ne prouvant pas une diffusion globale du mythe.

Enfin, l'argument classique souligne que la transmission d'un récit par voie orale sur des dizaines de milliers d'années est hautement improbable sans altération majeure. Même les plus anciennes traditions connues, comme celles des peuples aborigènes d'Australie, ont subi des transformations avec le temps, rendant difficile la conservation d'un même mythe inchangé sur des millénaires et à travers plusieurs continents.

Les hypothèses de l'archéologie alternative et les zones d'ombre du discours académique

L'archéologie alternative conteste cette vision et avance que la récurrence du mythe du Déluge dans des cultures n'ayant eu aucun contact connu est une coïncidence trop frappante pour être purement fortuite. L'idée que ce récit puisse être un souvenir déformé d'un événement réel, voire d'une civilisation avancée ayant disparu lors d'une catastrophe globale, est une hypothèse que les chercheurs traditionnels refusent souvent d'explorer en raison d'un manque de preuves directes.

Certains auteurs, comme Graham Hancock, évoquent la possibilité qu'une civilisation pré-diluvienne ait existé avant la montée brutale des océans à la fin du Dryas récent, et que ses survivants aient disséminé leurs connaissances et leurs récits aux sociétés naissantes. Si des civilisations comme Sumer, l'Égypte, la vallée de l'Indus et les Olmèques possèdent des récits similaires, c'est peut-être parce qu'elles partagent une influence plus ancienne, dont les traces matérielles ont été englouties sous les eaux ou érodées par le temps.

Un des indices troublants avancés par l'archéologie alternative est la convergence des structures mégalithiques dans des lieux éloignés, comme Göbekli Tepe en Turquie, les pyramides d'Égypte, les temples mayas et les cités andines comme Tiwanaku. Ces constructions monumentales, parfois érigées avec des techniques que l'archéologie peine encore à expliquer, pourraient être les vestiges d'une connaissance architecturale commune antérieure au néolithique.

L'un des points clés de cette hypothèse repose sur l'incohérence chronologique que pose l'émergence soudaine de civilisations avancées autour de 3000-4000 av. J.-C. Si les humains vivaient en petites tribus de chasseurs-cueilleurs jusqu'à cette période, comment expliquer la brutale apparition des villes, de l'écriture, des mathématiques et de l'astronomie en des temps aussi courts ? Certains chercheurs pensent que ces civilisations ont pu être guidées par un savoir préexistant, peut-être issu d'un peuple ayant survécu à une catastrophe majeure.

Un autre argument repose sur des coïncidences troublantes entre les récits de différentes cultures. L'histoire de Noé, du Déluge sumérien et de Manu dans l'hindouisme partagent des éléments identiques, comme le héros prévenu par une divinité, la construction d'un refuge flottant, la préservation des espèces vivantes et le retour à la terre après la décrue. Ces similitudes sont difficiles à expliquer par une simple évolution indépendante des mythes.

Enfin, la persistance des légendes locales et autochtones sur des continents aussi variés que l'Amérique, l'Afrique, l'Asie et l'Océanie pose question. Les peuples aborigènes d'Australie rapportent depuis des milliers d'années des récits de montée des eaux qui correspondent aux véritables inondations côtières observées dans les données géologiques. Chez les Hopis d'Amérique du Nord, la légende des "quatre mondes" raconte que les civilisations passées ont été détruites par des catastrophes successives, dont une inondation massive.

Entre mythe et réalité, une question toujours ouverte

L'archéologie classique et l'archéologie alternative s'opposent sur l'interprétation du mythe du Déluge. D'un côté, l'explication scientifique voit dans cette histoire un archétype universel lié aux peurs naturelles de l'homme face aux catastrophes. De l'autre, l'archéologie alternative suggère que ce récit pourrait être une trace mémorielle d'un cataclysme global, peut-être lié à une civilisation perdue dont les preuves restent à découvrir.

L'absence de découvertes archéologiques directes prouvant l'existence d'une telle civilisation reste un obstacle majeur à cette hypothèse. Toutefois, les nouvelles recherches sous-marines et les progrès en archéologie pourraient, dans les décennies à venir, apporter des éléments supplémentaires à ce débat. En attendant, le mythe du Déluge demeure l'un des récits les plus intrigants de l'humanité, oscillant entre souvenir lointain et symbole universel du renouveau après le chaos.

Les Travaux de Graham Hancock et l'Archéologie Alternative : Une Réévaluation du Passé Perdu

L'histoire telle qu'elle est enseignée repose sur une vision linéaire et progressive du développement des civilisations. Selon cette chronologie académique, les premières sociétés complexes seraient apparues autour de 3000 av. J.-C., avec la montée des cités-États en Mésopotamie, en Égypte, en Inde et en Chine. Avant cette période, l'humanité aurait évolué lentement, vivant en petites communautés de chasseurs-cueilleurs, sans structures sociales avancées ni connaissances en architecture, astronomie ou ingénierie.

L'archéologie alternative remet en question cette version du passé et s'interroge sur la possibilité d'un héritage commun issu d'une civilisation plus ancienne qui aurait influencé les cultures ultérieures. Une hypothèse centrale de cette approche est qu'une source technologique et culturelle antérieure a pu exister et que son savoir, bien que fragmenté, aurait été préservé sous différentes formes par les civilisations postérieures. Cela pourrait expliquer la présence des structures mégalithiques aux caractéristiques similaires à travers le monde, construites bien avant ce que l'histoire officielle considère comme l'aube de la civilisation.

Graham Hancock, journaliste et auteur spécialisé dans l'archéologie alternative, s'est fait le porte-voix de cette remise en question. Dans ses ouvrages comme *L'Empreinte des dieux* (*Fingerprints of the Gods*) et *Magiciens des dieux* (*Magicians of the Gods*), il explore l'idée d'une civilisation avancée et oubliée, qui aurait prospéré bien avant les civilisations classiques et qui aurait été détruite par une catastrophe globale. Pour lui, l'histoire humaine que nous connaissons ne serait qu'un fragment déformé, amputé d'un passé plus ancien dont les traces ont été effacées par le temps, la montée des océans et l'érosion des vestiges archéologiques.

Selon Hancock, une convergence d'indices archéologiques, mythologiques et climatiques pointe vers une civilisation pré-diluvienne, dont l'existence aurait été brutalement interrompue par les bouleversements du Dryas récent, il y a environ 12 800 ans. Ce cataclysme, déclenché par un impact cosmique ou un effondrement climatique majeur, aurait provoqué des incendies mondiaux, un refroidissement soudain et une montée des eaux rapide, détruisant en grande partie cette culture avancée. Les survivants auraient alors transmis un savoir fragmentaire aux civilisations naissantes, ce qui expliquerait la brusque émergence des sociétés complexes à Sumer, en Égypte, dans la vallée de l'Indus et en Mésoamérique, où des connaissances avancées en astronomie, géométrie et ingénierie semblent apparaître sans précurseurs évidents.

Les Anomalies Architecturales et la Réévaluation de l'Histoire

Si la civilisation humaine s'est réellement développée de manière progressive, alors certaines constructions antiques posent un problème majeur de cohérence. Göbekli Tepe, daté d'environ 9600 av. J.-C., constitue une anomalie inexplicable au regard du modèle historique traditionnel. L'ampleur du site, sa conception architecturale avancée et la qualité de ses sculptures remettent en question l'idée selon laquelle seuls des peuples sédentaires et agricoles pouvaient bâtir des temples monumentaux.

Hancock souligne que Göbekli Tepe n'est pas un cas isolé. D'autres sites antiques, souvent ignorés ou minimisés par l'archéologie officielle, présentent des caractéristiques similaires. À Baalbek, au Liban, le temple de Jupiter repose sur des blocs cyclopéens de plus de 1000 tonnes, dont la méthode de déplacement reste inconnue. En Égypte, la Grande Pyramide de Khéops, avec son alignement quasi parfait sur le pôle Nord et sa corrélation avec la constellation d'Orion, semble indiquer une maîtrise avancée des mathématiques et de l'astronomie, bien supérieure aux capacités attribuées à l'âge du bronze.

Ces anomalies ne se limitent pas à l'Égypte et au Proche-Orient. Au Pérou, en Bolivie et au Japon, des structures comme Sacsayhuamán, Puma Punku et Yonaguni exhibent une technique de taille des pierres d'une précision défiant l'ingénierie moderne. Hancock et d'autres chercheurs estiment que ces monuments ne sont pas les créations des civilisations qui les ont occupés plus tard, mais qu'ils auraient été réutilisés, restaurés ou reconstruits sur des fondations bien plus anciennes.

Si les archéologues conventionnels appliquaient une démarche réellement scientifique, ils devraient intégrer ces anomalies dans leur modèle évolutif au lieu de les considérer comme des exceptions isolées. En science, une équation doit fonctionner partout et tout le temps. Si une anomalie contredit un modèle établi, alors c'est le modèle qui doit être revu, et non l'anomalie qui doit être rejetée. Pourtant, au lieu de repenser la chronologie de la civilisation, le monde académique préfère ignorer ces vestiges dérangeants et maintenir un paradigme qui ne tient plus face aux nouvelles découvertes.

Le Dryas Récent et la Fin d'un Âge d'Or

Hancock soutient que la catastrophe planétaire du Dryas récent, qui a marqué une chute brutale des températures et des inondations massives, aurait joué un rôle déterminant dans la disparition de cette civilisation avancée. Des études en géologie et astrophysique montrent que cet événement aurait été causé par l'impact d'un ou plusieurs fragments de comète qui auraient frappé l'Amérique du Nord et l'Europe, déclenchant une série d'incendies mondiaux, un mini-âge glaciaire et une montée rapide du niveau des océans.

Selon lui, les peuples survivants auraient cherché à préserver une partie de leur savoir en construisant des sites mégalithiques conçus pour transmettre des connaissances astronomiques et mathématiques aux générations futures. Göbekli Tepe, volontairement enterré sous des tonnes de sédiments, pourrait être une capsule temporelle, cachée et protégée par les survivants afin de préserver les vestiges d'un savoir perdu.

Klaus Schmidt, l'archéologue allemand qui a fouillé Göbekli Tepe, a suggéré que certaines parties du site pourraient remonter à 16 000 ans, un âge qui correspond à d'autres sites énigmatiques comme Puma Punku en Bolivie, Sacsayhuamán au Pérou, Yonaguni au Japon et Gunung Padang en Indonésie. Certains de ces sites pourraient avoir plus de 20 000 ans, poussant encore plus loin les limites de notre chronologie historique.

Les Implications d'un Passé Oublié

Pour Hancock, l'histoire officielle repose sur des bases défectueuses et dangereusement fragiles. Il affirme que tout ce que nous avons appris sur l'origine de la civilisation pourrait être faux. À ses yeux, les mythes d'un âge d'or englouti sous les eaux et de civilisations balayées par des catastrophes ne sont pas de simples allégories, mais les dernières traces d'un savoir ancien, transmis sous une forme voilée par les récits sacrés.

Son travail, malgré les critiques acerbes de l'archéologie conventionnelle, suscite un intérêt grandissant du public. Ses ouvrages, vendus à des millions d'exemplaires, montrent que de plus en plus de gens s'interrogent sur les origines réelles de l'humanité. À travers ces recherches, une question demeure : quelles connaissances ont été perdues avec cette civilisation disparue ?

Ce questionnement ouvre la voie à une exploration plus approfondie de l'héritage scientifique et spirituel laissé par ces bâtisseurs oubliés. Il est temps d'examiner de plus près les connaissances astronomiques, acoustiques, mathématiques et géométriques que ces anciens auraient pu posséder et transmettre à travers le temps.

Et si les récits anciens, longtemps relégués au rang de fables ou de traditions poétiques, avaient en réalité conservé la mémoire d'un savoir oublié ? À mesure que les pierres livrent leurs secrets, une convergence troublante se dessine entre les mythes fondateurs de nombreuses civilisations et les découvertes archéologiques récentes. Des pierres cyclopéennes aux formes étrangement précises, aux assemblages défiant nos lois modernes de la construction, surgit une interrogation fondamentale : ces monuments n'auraient-ils pas eu une fonction dépassant la simple symbolique funéraire ou religieuse ?

Alors que les chercheurs réévaluent les capacités techniques des bâtisseurs du passé, une autre voie s'ouvre : celle des propriétés physiques, énergétiques ou acoustiques de ces structures mégalithiques. Dans la suite, nous explorerons les théories qui envisagent les pierres cyclopéennes non plus comme de simples blocs inertes, mais comme des éléments actifs d'un système oublié – capable, peut-être, d'amplifier les sons, de capter des énergies naturelles ou de structurer l'espace selon des principes géométriques sacrés. Loin d'être de simples ruines, ces vestiges pourraient bien être les derniers témoins d'une science perdue, soigneusement codée dans la pierre.

PARTIE V : Les Connaissances Perdues et Leurs Redécouvertes

Et si les anciens bâtisseurs savaient bien plus que ce que nous croyons ? Si les mégalithes, les pyramides, les temples souterrains et les statues monumentales que nous contemplons aujourd'hui n'étaient pas seulement des symboles religieux, mais les vestiges d'un savoir technique, astronomique et vibratoire dont nous avons oublié l'usage ?

Des côtes de l'île de Pâques aux déserts d'Égypte, des sommets andins aux plaines d'Anatolie, un même constat revient : partout, les peuples du passé ont laissé des structures qui défient nos certitudes. Alignements célestes d'une précision sidérale, tailles de pierre inégalées, effets sonores calculés au millimètre, transmission de vibrations... Ces éléments ne peuvent plus être regardés comme de simples coïncidences.

Ces chapitres invitent à changer de regard. À ne plus lire les monuments anciens uniquement avec les outils de l'archéologie classique, mais avec ceux de l'ingénierie, de l'acoustique, de l'astronomie et même de la physique vibratoire. Car ce que l'on appelait jadis "mythe", "rite" ou "croyance" pourrait bien être l'expression codée d'une science oubliée, transmise de génération en génération, puis brusquement interrompue.

Le Chapitre 9 abordera la connaissance astronomique des anciens, révélée à travers les alignements stellaires des Moaïs, des pyramides et des mégalithes.

Le Chapitre 10 explorera l'archéo-acoustique, cette science du son que les anciens maîtrisaient peut-être bien mieux que nous.

Le Chapitre 11 interrogera l'hypothèse d'une technologie disparue capable de tailler et déplacer des blocs gigantesques avec une précision défiant nos outils modernes.

Enfin, le chapitre 12 ouvrira la réflexion sur une possible fonction énergétique des monuments anciens : et si ces structures n'étaient pas seulement des lieux de culte, mais de véritables "machines" en résonance avec la Terre et le cosmos ?

Entre énigmes, indices et résonances oubliées, cette section du livre propose de regarder les pierres non comme des ruines, mais comme des messages. Des messages gravés dans la matière, porteurs d'un savoir millénaire, que notre civilisation commence tout juste à entendre à nouveau.

Chapitre 12 : La Connaissance Astronomique des Anciens

Un Savoir Astronomique Global et Étonnamment Précis

Les civilisations anciennes ont construit des monuments qui révèlent une compréhension profonde des cycles cosmiques et une maîtrise avancée de l'astronomie, bien au-delà de ce que l'archéologie traditionnelle leur attribue. Nous avons exploré comment l'île de Pâques, avec ses Moaï tournés vers les astres, les pyramides de Gizeh, parfaitement alignées sur la ceinture d'Orion, et le Sphinx, dont l'érosion et l'orientation pourraient correspondre à l'ère du Lion, témoignent d'une connexion universelle au cosmos. Ces éléments ne peuvent être considérés comme de simples coïncidences isolées. Ils suggèrent une volonté globale de synchronisation avec les étoiles, impliquant une connaissance commune transmise à travers les âges et peut-être issue d'une source unique et disparue.

Le zodiaque de Dendérah, dont la précision déroute encore les astronomes, s'inscrit dans ce patrimoine astronomique. Il semble révéler des observations vieilles de plusieurs millénaires, potentiellement antérieures à l'époque ptolémaïque où il a été sculpté. Mais Dendérah n'est qu'un fragment d'un puzzle beaucoup plus vaste, où l'on retrouve les traces d'une science antique de l'astronomie à travers les continents.

Que ce soit à Teotihuacan, où la disposition des pyramides suit les proportions du système solaire, à Tiwanaku, où la Porte du Soleil pourrait représenter un calendrier astronomique de haute précision, ou encore à Angkor Vat, dont les structures sont alignées sur la constellation du Dragon telle qu'elle était visible il y a 10 500 ans, les indices s'accumulent. Ces alignements ne sont pas dus au hasard, mais à une volonté délibérée de créer des monuments en résonance avec l'univers.

Une Connexion Perdue entre l'Homme et les Étoiles

Nos ancêtres ne percevaient pas le ciel de la même manière que nous. Pour eux, il n'était pas seulement un décor nocturne, mais un guide, une horloge cosmique, un livre ouvert sur le passé et l'avenir. Les solstices et les équinoxes rythmaient leur quotidien, servant de repères pour l'agriculture, la navigation, les rites religieux et même la transmission du savoir.

Des sites tels que Stonehenge en Angleterre, Nabta Playa en Égypte, et Chaco Canyon aux États-Unis montrent que les bâtisseurs possédaient une compréhension avancée des cycles solaires et lunaires, bien avant l'apparition des premières civilisations historiques. Ils avaient conçu des architectures où la lumière et l'ombre se déplaçaient en parfaite synchronisation avec les événements célestes. Stonehenge, par exemple, est un observatoire astronomique d'une incroyable précision, où le lever et le coucher du soleil aux solstices sont marqués par des alignements millimétrés entre les pierres.

Il en va de même pour Machu Picchu, où le Temple du Soleil est positionné de manière à capturer le premier rayon du solstice d'hiver, et pour les alignements de Karnak, en Égypte, qui suivent les mouvements de Sirius, l'étoile la plus importante pour le calendrier nilotique. Cette connaissance astronomique ne servait pas seulement à marquer les saisons, elle faisait partie intégrante de leur spiritualité et de leur vision du monde.

Aujourd'hui, cette connexion est en grande partie perdue. Nos sociétés modernes, enveloppées dans le confort technologique et l'éclairage artificiel, ont oublié de lire les étoiles. Dans les grandes métropoles, les constellations disparaissent derrière la pollution lumineuse, et nous avons troqué les repères cosmiques naturels pour des calendriers abstraits et des horloges numériques. Nos ancêtres, eux, avaient une perception du temps bien plus organique, en harmonie avec les cycles naturels de la Terre et du ciel.

Une Science Avancée avant l'Heure ?

Ce que nous appelons aujourd'hui « archéoastronomie » semble avoir été un savoir ancestral universel, partagé par toutes les grandes civilisations, et peut-être même avant elles, par un peuple oublié. La précision des monuments alignés sur les étoiles et des cartes célestes comme celle de Dendérah ne peut être attribuée au hasard. Elle demande des calculs sophistiqués, une observation rigoureuse et des connaissances mathématiques avancées, bien au-delà de ce que nous prêtons aux cultures du Néolithique.

Des chercheurs comme Graham Hancock, Robert Bauval et Jacques Grimault avancent l'idée que ces savoirs pourraient être les vestiges d'une civilisation disparue, anéantie par une catastrophe planétaire, comme celle du Dryas récent. Cette hypothèse rejoint l'idée d'un âge d'or évoqué dans les textes anciens, où les premiers hommes auraient vécu en harmonie avec l'univers avant que leur monde ne soit englouti par des bouleversements climatiques.

Si l'on suit cette logique, alors il se pourrait que les anciens aient hérité d'un savoir astronomique bien plus ancien que les archives officielles ne le reconnaissent. Peut-être même que certaines structures mégalithiques que nous attribuons à des peuples néolithiques ne sont que les survivantes de cette civilisation perdue.

Un exemple frappant est celui de Gunung Padang, en Indonésie, où des analyses récentes suggèrent que ce site mégalithique pourrait être daté de plus de 20 000 ans, soit bien avant l'essor des premières civilisations connues. Cette découverte, si elle est confirmée, repousserait considérablement la chronologie officielle de l'humanité et renforcerait l'idée que nos ancêtres possédaient un savoir astronomique qui s'est éteint avec le temps.

Stonehenge : Un Observatoire Astronomique Néolithique ?

Stonehenge est sans doute le monument mégalithique le plus emblématique du monde. Situé en Angleterre, sur la plaine de Salisbury, il intrigue les chercheurs et passionne le grand public depuis des siècles. Cet ensemble de pierres dressées, dont la construction remonte à près de 5000 ans, ne cesse de soulever des questions sur son origine, sa fonction et les connaissances qu'avaient ses bâtisseurs.

Loin d'être une simple structure rituelle, Stonehenge est aussi un véritable observatoire astronomique préhistorique, conçu pour suivre les mouvements du soleil, de la lune et, peut-être, de certaines étoiles. De récentes études en archéoastronomie suggèrent que ce site servait non seulement de repère pour le calendrier des sociétés néolithiques, mais aussi de centre cérémoniel en lien avec les cycles célestes.

Photo du site de Stonehenge en Angleterre. Crédit photo : Harry Shum via Pexels

Stonehenge : Un Monument Bâti en Plusieurs Phases

Stonehenge n'a pas été construit en une seule fois. Il a évolué sur près de 1 500 ans, avec des ajouts successifs qui témoignent d'une adaptation et d'une compréhension progressive des phénomènes célestes.

- **Vers 3 100 av. J.-C.** : La première phase consiste en un simple cercle de fossés et de trous, probablement destinés à des poteaux en bois.
- **Vers 2 900-2 600 av. J.-C.** : Apparition des premières pierres dressées, les "pierres bleues", qui proviennent des montagnes de Preseli, au Pays de Galles, situées à plus de 250 km de Stonehenge.
- **Vers 2 500 av. J.-C.** : Ajout des grands trilithes, formés de blocs de grès sarsen pouvant atteindre 7 mètres de haut et peser plus de 25 tonnes. Ces pierres forment le cercle de pierre visible aujourd'hui.
- **Vers 2 200 av. J.-C.** : Réorganisation des pierres pour optimiser certains alignements astronomiques.

L'ampleur des travaux et la précision avec laquelle les pierres ont été disposées indiquent que ce monument ne pouvait pas être érigé au hasard. Une planification minutieuse et une connaissance approfondie des cycles astronomiques étaient nécessaires.

Un Observatoire Astronomique Néolithique

L'une des découvertes les plus fascinantes sur Stonehenge concerne son alignement astronomique avec les solstices. Stonehenge est parfaitement aligné avec le lever du soleil au solstice d'été et avec son coucher au solstice d'hiver. Chaque année, le 21 juin, les premiers rayons du soleil passent exactement au-dessus de la pierre de l'Heel Stone, située à l'entrée du site, et traversent l'axe principal du cercle de pierres.

Ce phénomène indique que les constructeurs avaient une compréhension avancée des mouvements du soleil et étaient capables de prédire les cycles annuels. Cet alignement a probablement été utilisé comme calendrier saisonnier, aidant à déterminer les périodes propices aux semailles et aux récoltes.

Une Connexion avec la Lune ?

Outre les alignements solaires, certaines études montrent que Stonehenge pourrait aussi marquer des événements lunaires rares, notamment le cycle de 18,6 ans des extrêmes lunaires. Ce phénomène, appelé la libration lunaire, désigne les positions extrêmes de la lune dans le ciel.

Certaines pierres du cercle intérieur semblent marquer ces positions, ce qui suggère que Stonehenge servait également à prédire les éclipses ou à observer des événements lunaires exceptionnels.

Un Centre Religieux et un Lieu de Rites en Harmonie avec le Ciel

L'archéoastronomie ne signifie pas seulement que Stonehenge servait d'instrument de mesure scientifique. Il est probable que les cycles célestes aient eu une forte signification spirituelle pour les peuples néolithiques.

Des découvertes archéologiques récentes montrent que le site était utilisé pour des cérémonies funéraires et des rituels en lien avec le passage des saisons. La présence de restes humains incinérés et de grandes fosses pouvant avoir accueilli des offrandes suggère que Stonehenge était un lieu sacré où les vivants honoraient les morts en relation avec le cosmos.

Les alignements solaires et lunaires renforcent cette hypothèse. Le solstice d'été, avec son lever de soleil spectaculaire, aurait pu être un moment de célébration et de renouveau, tandis que le solstice d'hiver, marqué par les jours les plus courts, aurait été un moment de commémoration et de passage vers l'au-delà.

Le Zodiaque de Dendérah : Un Témoignage D'un Savoir Perdu ?

Le zodiaque de Dendérah est un artefact exceptionnel qui soulève des questions fondamentales sur l'histoire des connaissances astronomiques et la transmission des savoirs à travers les âges. Ce bas-relief circulaire en calcaire, découvert au plafond du temple d'Hathor à Dendérah, en Égypte, représente une carte céleste où figurent les constellations du zodiaque, les planètes visibles, ainsi que divers symboles mythologiques et astrologiques.

Gravé à l'époque ptolémaïque, entre 50 et 30 av. J.-C., il reflète une fusion unique entre les traditions égyptiennes, babyloniennes et grecques. Pourtant, plusieurs éléments semblent indiquer que ce zodiaque pourrait être bien plus ancien dans son contenu que la période à laquelle il a été officiellement sculpté, soulevant l'hypothèse d'une transmission de savoirs millénaires, voire d'un héritage d'une civilisation antérieure.

Le zodiaque de Denderah présenté aux collections égyptiennes du musée du Louvre. Crédit photo personnelle.

Un Artefact Astronomique d'une Précision Déconcertante

Le zodiaque de Dendérah est une représentation astronomique complète, où chaque détail semble avoir été méticuleusement étudié. On y trouve les douze signes du zodiaque tels qu'ils nous sont familiers aujourd'hui : Bélier, Taureau, Gémeaux, etc., disposés en cercle autour d'un point central. Ces constellations sont accompagnées de figures divines et symboliques, qui relient le ciel à la mythologie égyptienne.

Outre les signes du zodiaque, le bas-relief représente les planètes visibles à l'œil nu (Mercure, Vénus, Mars, Jupiter et Saturne), des étoiles majeures comme Sirius (Sothis), et des éléments cosmiques qui rappellent la précession des équinoxes, un phénomène astronomique que la science moderne ne redécouvrira qu'avec Hipparque au IIe siècle av. J.-C..

Les cycles lunaires et solaires, représentés par des divinités égyptiennes, sont également présents, témoignant d'une connaissance avancée des phénomènes célestes. Certains motifs semblent même évoquer la Voie lactée, vue comme une rivière céleste dans les traditions anciennes.

Si le zodiaque de Dendérah est, selon l'archéologie officielle, un produit de l'époque ptolémaïque, plusieurs détails troublants laissent penser qu'il pourrait être la copie tardive d'un modèle beaucoup plus ancien.

Un Problème de Datation : Un Héritage Bien Plus Ancien ?

L'un des aspects les plus fascinants du zodiaque de Dendérah réside dans la datation astronomique potentielle des constellations qu'il représente. Certains chercheurs ont analysé les alignements célestes gravés dans la pierre et en ont déduit que la disposition des étoiles correspondrait à une époque bien antérieure à la période ptolémaïque.

La Précession des Équinoxes et la Datation du Zodiaque

Le phénomène de la précession des équinoxes, qui fait lentement dériver la position des constellations dans le ciel au fil des millénaires, est un élément clé de cette analyse. Ce mouvement, qui se produit à raison d'environ 1 degré tous les 72 ans, modifie la constellation qui se lève à l'équinoxe de printemps au fil des âges.

Plusieurs éléments du zodiaque de Dendérah semblent pointer vers une époque beaucoup plus ancienne, notamment la position de certaines constellations :

- **L'ère du Lion (10 970 - 8 810 av. J.-C.)** : Certains chercheurs estiment que la présence du Lion dans une position centrale pourrait indiquer une datation astronomique correspondant à cette période. Cela signifierait que l'observation initiale du ciel ayant inspiré ce zodiaque remonterait à plus de 12 000 ans.
- **L'ère du Taureau (4 320 - 2 160 av. J.-C.)** : L'association forte du Taureau dans l'iconographie égyptienne pourrait aussi correspondre à cette époque, qui marque la montée des grandes civilisations antiques.
- **L'alignement de Sirius et du cycle sothiaque** : L'étoile Sothis (Sirius) joue un rôle fondamental dans le calendrier égyptien. Certains alignements sur le zodiaque de Dendérah correspondent à des cycles sidéraux qui pourraient avoir été documentés bien avant l'époque ptolémaïque.

Ces éléments suggèrent que le zodiaque de Dendérah ne serait pas simplement une œuvre d'art de l'Antiquité tardive, mais la préservation d'une cartographie céleste beaucoup plus ancienne, potentiellement transmise de civilisation en civilisation.

Un Témoignage d'une Connaissance Astronomique Avancée

Les Babyloniens, dès le IIe millénaire av. J.-C., avaient élaboré une cartographie céleste et divisé le ciel en douze constellations du zodiaque. Les Grecs, avec Hipparque et Ptolémée, ont approfondi ces connaissances en développant des modèles mathématiques de la sphère céleste. Cependant, si l'on admet que le zodiaque de Dendérah contient des références à des observations bien plus anciennes, alors cela remet en cause l'histoire officielle de l'astronomie.

- Comment des observations aussi précises ont-elles pu être réalisées des millénaires avant les Babyloniens et les Grecs ?
- L'humanité avait-elle, dès le Paléolithique, une connaissance avancée des cycles cosmiques ?
- Ce savoir aurait-il pu être hérité d'une civilisation plus ancienne, dont nous n'avons aujourd'hui que des indices fragmentaires ?

Graham Hancock et d'autres chercheurs en archéologie alternative suggèrent que ce zodiaque pourrait être une preuve tangible que les Égyptiens ont hérité de connaissances astronomiques bien plus anciennes, peut-être issues d'une civilisation ayant existé avant la catastrophe du Dryas récent (environ 12 800 ans avant notre ère).

Pourquoi Cette Hypothèse Reste Controversée ?

L'archéologie conventionnelle rejette généralement ces théories, estimant que le zodiaque de Dendérah n'est qu'un produit de son époque ptolémaïque et qu'il reflète simplement une synthèse des savoirs grecs, babyloniens et égyptiens.

- Les connaissances astronomiques avancées pourraient être le fruit d'une transmission continue de savoirs accumulés sur plusieurs millénaires, sans nécessiter l'existence d'une civilisation antérieure inconnue.
- Aucune preuve matérielle directe ne permet aujourd'hui d'affirmer qu'un peuple préhistorique ait pu observer et enregistrer la précession des équinoxes sur une période suffisamment longue pour la comprendre.

Cependant, le manque de preuves n'est pas une preuve en soi. De nombreux sites antiques restent à découvrir, et des indices comme le zodiaque de Dendérah montrent que l'humanité comprenait déjà les mouvements célestes bien avant l'époque classique.

Un Héritage de Connaissances Oubliées ?

Le zodiaque de Dendérah est bien plus qu'une simple illustration artistique du ciel. Il pourrait être le vestige d'un savoir astronomique ancien, transmis de génération en génération avant d'être figé dans la pierre sous les Ptolémées.

Si les alignements et les constellations qu'il représente remontent effectivement à 12 000 ans ou plus, alors cela signifierait que des civilisations bien plus anciennes qu'on ne le pense avaient déjà une compréhension précise des cycles célestes.

Le zodiaque de Dendérah nous invite ainsi à repenser notre conception de l'histoire et à explorer la possibilité que l'humanité ait perdu une partie précieuse de son savoir ancien, englouti par le temps et les bouleversements de la Terre. Que reste-t-il encore à découvrir sous les sables d'Égypte, ou ailleurs, dans les profondeurs de notre passé oublié ?

Carnac : Un Observatoire Astronomique Préhistorique et un Mystère Mathématique

Le site mégalithique de Carnac, en Bretagne, demeure l'un des ensembles les plus mystérieux et impressionnants du monde préhistorique. Avec près de 3 000 menhirs, disposés en alignements précis sur plus de 4 kilomètres, il défie les explications conventionnelles. Son orientation, ses proportions géométriques et ses correspondances avec les cycles astronomiques témoignent d'un savoir avancé en observation du ciel et en mathématiques bien avant les premières grandes civilisations de l'Antiquité.

Si l'archéologie officielle considère Carnac comme un site religieux ou funéraire, de nombreuses études indépendantes suggèrent que ces alignements répondaient à des fonctions bien plus complexes, comme un calendrier préhistorique, un observatoire céleste ou une carte astronomique ancrée dans la pierre. Sa construction, remontant à plus de 7 000 ans, le précède de plusieurs millénaires avant Stonehenge et les pyramides d'Égypte, soulevant la question d'un savoir oublié et d'une possible transmission de connaissances à travers le temps.

Les Alignements de Carnac : Un Ordonnancement Mathématique et Astronomique

Le site de Carnac est divisé en plusieurs alignements distincts, chacun ayant une structure et des orientations spécifiques. Les trois principaux sont :

- **L'alignement du Ménec** : constitué de 1 100 menhirs répartis en 11 files, s'étendant sur près d'un kilomètre.
- **L'alignement de Kermario** : composé de 1 029 menhirs sur 10 files, avec des pierres plus imposantes.
- **L'alignement de Kerlescan** : regroupant 555 menhirs sur 13 files, plus courts mais disposés selon une symétrie remarquable.

Ces alignements ne semblent pas être disposés au hasard. Plusieurs chercheurs ont relevé des proportions mathématiques précises, notamment des rapports géométriques qui respectent le nombre d'or (1,618) et des relations basées sur Pi (3,14). Ces nombres sont récurrents dans les structures sacrées des civilisations antiques, suggérant que les bâtisseurs de Carnac possédaient déjà une compréhension avancée des mathématiques bien avant l'Antiquité classique.

Des études topographiques ont montré que la disposition des menhirs suit un agencement spatial particulier, avec des lignes de visée alignées sur des phénomènes astronomiques majeurs. Ces alignements, qui s'étendent sur plusieurs kilomètres, ne peuvent pas être fortuits. Certains chercheurs avancent que Carnac fonctionnait comme un véritable observatoire astronomique, permettant de mesurer les solstices, les équinoxes et même les cycles lunaires.

Une Connexion avec le Soleil et la Lune

Plusieurs éléments renforcent l'hypothèse d'un usage astronomique des menhirs de Carnac.

Alignement avec les Solstices et les Équinoxes

Les files de menhirs semblent orientées vers des points clés de l'horizon liés aux mouvements du soleil. Des relevés ont montré que certaines pierres pointent vers le lever ou le coucher du soleil aux solstices d'été et d'hiver, ainsi qu'aux équinoxes de printemps et d'automne.

L'idée que Carnac ait pu servir de calendrier solaire n'est pas nouvelle. Tout comme Stonehenge en Angleterre, qui marque avec précision les levers et couchers du soleil à des moments spécifiques de l'année, Carnac semble avoir été conçu pour suivre les cycles saisonniers, essentiels pour l'agriculture et la survie des peuples préhistoriques.

Un Suivi des Cycles Lunaires

En plus des alignements solaires, certains menhirs semblent corrélés aux mouvements de la Lune. Des recherches ont révélé que certaines pierres marquent les positions extrêmes de la Lune, un cycle complexe qui se répète sur 18,6 ans. Cette compréhension avancée des cycles lunaires est une caractéristique partagée avec d'autres sites mégalithiques, notamment Nabta Playa en Égypte et les cercles de pierres en Écosse.

Une Géométrie Sacrée et une Connexion avec d'Autres Sites

L'un des aspects les plus étonnants de Carnac est **la cohérence géométrique** qui relie le site à d'autres lieux mégalithiques en Europe et au-delà.

Carnac et les autres sites bretons : Une harmonisation parfaite

Plusieurs structures mégalithiques de Bretagne semblent avoir été alignées intentionnellement. Les tumulus et dolmens de Gavrinis, Locmariaquer et Er Grah forment un triangle parfait, avec des distances exprimant des proportions connues dans la géométrie sacrée.

De même, certaines orientations des menhirs de Carnac pointent vers des sites éloignés, comme Mont-Saint-Michel ou même Stonehenge en Angleterre. Cette interconnexion suggère un réseau de connaissance et de communication entre les bâtisseurs mégalithiques, bien plus vaste qu'on ne l'imagine.

Un Parallèle avec Karnak en Égypte

Le rapprochement entre Carnac et Karnak en Égypte intrigue les chercheurs depuis longtemps. Les deux sites portent des noms similaires et semblent tous deux dédiés à une observation céleste avancée.

À Karnak, les temples sont alignés sur les levers héliaques de Sirius, une étoile d'une importance capitale dans le calendrier égyptien. À Carnac, certaines pierres suivent des alignements comparables.

De plus, la présence du nombre d'or et de rapports géométriques avancés dans les deux sites indique que leurs bâtisseurs pourraient avoir partagé un même héritage de connaissances, ou du moins développé des concepts similaires en parallèle.

Un Observatoire et une Transmission de Connaissances ?

Si Carnac était un observatoire, alors il aurait pu remplir plusieurs fonctions :

- **Un calendrier agricole** : en marquant les solstices et les équinoxes, les menhirs auraient aidé à planifier les cycles de culture et de récolte.
- **Un centre rituel et spirituel** : les alignements astronomiques pourraient avoir eu une signification sacrée, mettant les peuples en relation avec le cosmos.
- **Un centre de transmission du savoir** : comme d'autres structures mégalithiques, Carnac aurait pu être un livre de pierre, où des connaissances astronomiques et mathématiques étaient consignées pour les générations futures.

Le fait que l'archéoastronomie de Carnac présente des similitudes avec celles d'autres sites antiques, parfois situés à des milliers de kilomètres, pose une question cruciale : ces connaissances ont-elles été développées de manière indépendante, ou bien proviennent-elles d'une civilisation plus ancienne, dont les traces ont été effacées par le temps ?

Un Lien Perdu avec les Étoiles : Les Anciens Bâtisseurs et la Conscience Cosmique

Les civilisations anciennes entretenaient un rapport intime avec le ciel nocturne, bien plus fort que celui des sociétés modernes. Dans un monde sans pollution lumineuse, où la voute céleste était une toile vivante de constellations et de mouvements célestes, les étoiles étaient bien plus qu'un décor nocturne : elles servaient de références temporelles, de guides spirituels et de points d'ancrage dans l'espace et le temps. Stonehenge, ainsi que de nombreux autres sites mégalithiques à travers le monde, témoigne de cette connexion perdue avec le cosmos.

Les peuples qui ont érigé Stonehenge et d'autres structures similaires vivaient en harmonie avec les cycles naturels, observant les étoiles, les phases de la lune et les changements saisonniers pour structurer leur existence. L'alignement précis de certains monolithes avec les solstices et les équinoxes montre que ces civilisations maîtrisaient l'observation astronomique bien avant l'invention des télescopes. Stonehenge, par exemple, est conçu de manière à ce que le soleil levant du solstice d'été se lève exactement au-dessus du Heel Stone, une pierre dressée à l'entrée du monument. De même, lors du solstice d'hiver, le soleil couchant s'aligne parfaitement avec l'axe central du site, un phénomène qui n'a pu être obtenu que par une connaissance approfondie des mouvements célestes.

Contrairement à notre époque, où la lumière artificielle masque les étoiles et où la science a remplacé la spiritualité cosmique par des calculs froids et techniques, ces peuples vivaient en relation directe avec les astres, lisant dans le ciel des messages et des cycles qui rythmaient leur existence. Loin d'être de simples marqueurs temporels, les étoiles étaient vues comme des entités vivantes, des dieux ou des ancêtres veillant sur eux. Certaines constellations étaient vénérées et associées à des mythes de création ou à des rites de passage. Il est probable que Stonehenge, en plus d'être un observatoire astronomique, servait aussi de temple rituel, où les prêtres ou les sages communiquaient symboliquement avec les forces célestes à travers des cérémonies alignées sur les cycles stellaires.

L'une des grandes différences entre ces sociétés et la nôtre est la perte du ciel comme repère absolu. Dans nos sociétés modernes, la vie quotidienne est régie par l'horloge et le calendrier, des systèmes artificiels qui nous détachent du rythme naturel du cosmos. Nous avons troqué les marques astronomiques naturelles contre des unités de mesure conventionnelles qui, bien qu'efficaces, nous éloignent de l'expérience directe du mouvement des astres. Nos ancêtres, en revanche, structuraient leur année autour des solstices, des équinoxes et des positions des étoiles, qui déterminaient les moments clés pour l'agriculture, la chasse et les rites religieux.

L'urbanisation et le développement technologique ont également rendu l'observation du ciel secondaire, voire inexistante, pour la majorité des habitants des villes modernes. Alors qu'un agriculteur néolithique vivait selon la position du soleil et des étoiles pour savoir quand semer et récolter, un citadin d'aujourd'hui peut passer des mois sans voir un ciel étoilé, absorbé par l'éclairage artificiel et les distractions numériques. Ce décalage entre l'homme et le cosmos a conduit à une perte de sens du temps naturel, remplacé par une course effrénée vers des impératifs économiques et technologiques.

Les bâtisseurs de Stonehenge, de Karnak, de Nabta Playa en Égypte et d'autres sites mégalithiques avaient intégré le ciel dans leur architecture et leur culture. Ils percevaient les étoiles comme des gardiens du temps, des guides spirituels et des marqueurs du destin humain. Aujourd'hui, la plupart des sociétés modernes ne regardent plus le ciel pour comprendre le monde ; elles le scrutent uniquement à travers des instruments scientifiques, sans le lien sacré et intuitif qu'entretenaient nos ancêtres.

Cette fracture entre l'homme et l'univers pourrait expliquer pourquoi tant de mythes et de traditions anciennes insistaient sur la nécessité de préserver un lien avec le cosmos. Peut-être que, loin d'être de simples superstitions, ces traditions renferment une connaissance perdue sur la place de l'humanité dans l'univers. À une époque où la science repousse les frontières de l'espace mais où l'humanité se sent paradoxalement plus déconnectée du cosmos que jamais, il serait peut-être temps de relever les yeux vers les étoiles et de renouer avec cette relation ancestrale qui a guidé tant de civilisations avant nous.

L'Archéoastronomie à Rapa Nui : les Moaïs, gardiens d'un savoir céleste ?

Après avoir exploré les mystères liés à la taille, au transport et à la datation des Moaïs, une autre question se pose : pourquoi ces statues ont-elles été érigées avec une telle précision sur toute l'île ? Leur disposition répond-elle à un schéma astronomique précis ?

L'étude menée par Dominique et Clotilde Proust (L'archéoastronomie à Rapa Nui, 2023) met en évidence des corrélations frappantes entre l'emplacement des Moaïs, l'orientation des ahu et des phénomènes célestes majeurs. Cette découverte bouleverse l'interprétation classique des Moaïs en simples figures honorifiques, suggérant qu'ils faisaient partie d'un véritable réseau d'observation astronomique.

Les Moaïs, loin d'être de simples statues commémoratives, auraient pu servir de repères célestes alignés avec des événements astronomiques clés. À travers ces constructions colossales, les Pascuans semblent avoir codifié un savoir céleste, inscrit dans la pierre, qui échappe encore à l'archéologie conventionnelle.

Les Moaïs et les lieux d'observation du ciel

L'île de Pâques compte plus de 150 sites d'observation astronomique, dont 26 tours en pierre appelées tupa, situées principalement à l'est de l'île. Ces constructions circulaires ou ovales, accessibles par de petits tunnels, semblent alignées avec le lever et le coucher du Soleil, de la Lune ou d'étoiles particulières à des dates spécifiques. Les chercheurs ont découvert que ces structures servaient aux chamanes tohunga, véritables astronomes de l'époque, pour établir le calendrier rituel et coordonner les activités agricoles et maritimes.

C'est là qu'intervient une révélation troublante : les Moaïs ne sont pas disposés au hasard sur l'île. Ils sont souvent associés aux tupa et aux ahu, formant un réseau complexe de points d'alignement avec le ciel. L'hypothèse selon laquelle les Moaïs servaient d'indicateurs astronomiques devient alors une piste sérieuse.

Plusieurs ahu, ces plateformes sur lesquelles reposent les statues, sont rigoureusement alignés avec des événements astronomiques majeurs. L'ahu Huri a Urenga, par exemple, est positionné de manière à ce que son unique Moaï soit face au lever du Soleil lors du solstice d'hiver. Ce choix architectural ne peut être une coïncidence et témoigne d'une connaissance avancée des cycles solaires.

Un calendrier gravé dans la pierre

Comme toutes les grandes civilisations anciennes, les Pascuans suivaient un calendrier basé sur les astres. L'année était divisée en 13 lunaisons, séparées en une période humide et une période sèche. Le lever héliaque des Pléiades, c'est-à-dire leur première apparition annuelle à l'horizon juste avant l'aube, marquait le début de l'année (12 juin). Cet amas stellaire, appelé matariki en polynésien, occupait une place centrale dans la vie des peuples du Pacifique, servant à rythmer les saisons agricoles et maritimes.

Mais ce qui est frappant, c'est que plusieurs Moaïs semblent orientés en fonction de ces cycles astronomiques, indiquant que leur disposition ne relève pas d'un choix aléatoire, mais bien d'une volonté de conserver et de transmettre un savoir céleste.

Les Pascuans observaient également Canopus, dont le lever héliaque le 21 mai et le coucher héliaque de Vega structuraient les cycles agraires et maritimes. Ces alignements sont visibles à travers plusieurs Moaïs et ahu, montrant qu'ils servaient non seulement à honorer les ancêtres, mais aussi à marquer le temps et organiser la société.

Les Moaïs : des repères astronomiques sur une île isolée ?

L'idée que les Moaïs puissent être liés à l'astronomie ne s'arrête pas à quelques cas isolés. Plusieurs découvertes viennent renforcer cette hypothèse :

L'ahu Tongariki, l'un des plus imposants avec ses 120 mètres de long et ses 20 Moaïs, est aligné avec le lever du Soleil au solstice d'été, avec une précision inférieure à 3°.

L'ahu A Kivi, unique en son genre car situé à l'intérieur des terres et non sur la côte, est orienté parallèlement à l'équateur terrestre, et sa perpendiculaire pointe vers le coucher héliaque du Baudrier d'Orion.

Plusieurs cavités circulaires creusées dans la roche à proximité de l'ahu Huri a Urenga révèlent des alignements parfaits avec les solstices et les équinoxes, prouvant que l'observation des astres était une préoccupation majeure des bâtisseurs de l'île.

À cela s'ajoute une autre anomalie : pourquoi tant d'observatoires et de Moaïs sont-ils regroupés sur la partie Est de l'île ? Ce détail intrigue, car la navigation polynésienne se base sur un système de repères célestes comptant 26 azimuts astronomiques, soit exactement le nombre de tupa recensés sur l'île.

Faut-il y voir une coïncidence, ou la preuve que les Moaïs et leurs alignements faisaient partie d'un véritable système de navigation céleste, destiné à orienter les marins polynésiens à travers l'océan Pacifique ?

Un savoir hérité d'une civilisation antérieure ?

L'archéologie conventionnelle explique que ces alignements sont le fruit du hasard ou d'une simple tradition locale, mais les faits suggèrent une connexion avec d'autres grandes civilisations mégalithiques.

Les Pléiades, si essentielles à Rapa Nui, sont également vénérées à travers le monde, de l'Égypte aux Mayas, en passant par les Sumériens et même le disque de Nebra en Europe (daté de -1700). Pourquoi une île aussi isolée aurait-elle adopté une conception du temps basée sur ce même amas stellaire ?

Les Polynésiens auraient-ils simplement hérité de ce savoir par transmission orale, ou existe-t-il une tradition bien plus ancienne, oubliée par l'histoire officielle ?

L'alignement des Moaïs, les orientations précises des ahu et la présence de tupa posent une question fondamentale : Rapa Nui était-elle une simple île reculée, ou faisait-elle partie d'un réseau mondial de connaissances astronomiques partagées ?

Si les Moaïs avaient uniquement une fonction honorifique, pourquoi les avoir alignés sur des cycles cosmiques précis ? Pourquoi avoir bâti des observatoires et orienté les statues selon des repères célestes essentiels à la navigation et à l'agriculture ?

L'archéologie traditionnelle s'attache à voir dans les Moaïs de simples représentations d'ancêtres, mais leur répartition sur l'île et leur connexion aux mouvements des astres laissent entrevoir une véritable science ancienne gravée dans la pierre.

Le mystère des Moaïs ne se limite donc pas à leur taille, leur transport ou leur datation. Leur présence sur Rapa Nui semble coder une connaissance céleste oubliée, qui relie cette petite île du Pacifique à un savoir astronomique universel, partagé par les grandes civilisations antiques.

Chapitre 13 : L'Archéo-Acoustique : Une Science Oubliée ?

Les Étranges Résonances des Sites Mégalithiques

Les structures mégalithiques disséminées à travers le monde fascinent depuis des siècles par leur gigantisme et leur agencement précis. Ces monuments, qu'il s'agisse de cercles de pierres, de dolmens ou de chambres souterraines, sont souvent étudiés sous l'angle de l'astronomie et de la géométrie sacrée.

Pourtant, un aspect fondamental de leur conception demeure encore largement méconnu : l'archéo-acoustique. Cette discipline explore la manière dont l'architecture des peuples anciens pouvait amplifier, manipuler ou transformer le son à des fins rituelles, spirituelles et peut-être même scientifiques. De Stonehenge aux hypogées de Malte, en passant par les chambres de Newgrange et les couloirs mégalithiques du Mont-Saint-Michel, une évidence se dessine : ces sites ne sont pas de simples amoncellements de pierres, mais des espaces où le son joue un rôle fondamental, transcendé par une conception architecturale sophistiquée.

La Science du Son et les Ancêtres de l'Acoustique Moderne

L'archéo-acoustique repose sur l'idée que certaines structures anciennes ont été délibérément conçues pour exploiter les propriétés du son. Dans un monde où la parole, le chant et les incantations revêtaient une dimension sacrée, il est probable que les bâtisseurs mégalithiques aient compris comment certains espaces pouvaient renforcer ces phénomènes. Les propriétés de résonance, de réverbération et de transmission des vibrations auraient ainsi été utilisées pour accentuer l'impact des rituels pratiqués en ces lieux.

Les études modernes menées sur ces sites révèlent que leur architecture favorise des effets sonores très particuliers. En fonction de la disposition des pierres, du type de matériau employé et des volumes créés, certaines fréquences sont amplifiées tandis que d'autres sont atténuées. Cette sélection acoustique n'est pas accidentelle. Elle est le fruit d'un savoir qui, bien qu'aujourd'hui perdu, semble avoir été maîtrisé par les peuples mégalithiques avec une précision déconcertante.

Stonehenge : Un Cercle de Résonance à l'Échelle Monumentale

Parmi les sites les plus emblématiques où l'archéo-acoustique a révélé des phénomènes fascinants, Stonehenge se distingue particulièrement. Ce cercle de pierre, dont la fonction exacte demeure mystérieuse, est depuis longtemps associé aux alignements solaires et lunaires. Mais une autre dimension, sonore cette fois, émerge des récentes recherches menées sur le site.

Les tests réalisés par des acousticiens dans des reconstitutions grandeur nature de Stonehenge montrent que les pierres créent un effet de confinement du son, amplifiant et réfléchissant les ondes de manière particulière. Les sons graves, notamment les percussions et les voix profondes, se propagent avec une puissance accrue à l'intérieur du cercle. Certains chercheurs suggèrent que les mégalithes jouaient le rôle de murs sonores, renforçant la portée des rituels et conférant une qualité quasi immersive aux incantations et aux chants.

La disposition des pierres et leur hauteur contribuent également à un phénomène de « battements sonores » perceptibles par les personnes situées à l'intérieur du cercle. Ce type d'acoustique n'est pas sans rappeler celle des amphithéâtres antiques, où chaque son, chaque vibration est canalisée pour atteindre une intensité maximale.

L'Hypogée de Ħal Saflieni : L'Étrange Résonance des Voûtes Souterraines de Malte

L'un des exemples les plus troublants de l'archéo-acoustique appliquée se trouve à Malte, dans l'hypogée de Ħal Saflieni. Ce sanctuaire souterrain, vieux de plus de 5 000 ans, a été taillé directement dans la roche calcaire. Dès sa découverte, les chercheurs ont remarqué que certaines de ses chambres possèdent des propriétés acoustiques exceptionnelles.

L'étude menée par des acousticiens a révélé que l'une des pièces, la "Chambre de l'Oracle", amplifie certaines fréquences vocales spécifiques, en particulier celles situées autour de 110 Hz. Cette fréquence est connue pour sa capacité à provoquer une réponse cognitive et physiologique chez l'être humain, agissant sur l'état de conscience et la perception sensorielle. Lorsqu'une personne parle ou chante dans cette pièce, sa voix est non seulement amplifiée, mais elle semble provenir de toutes parts, créant un effet sonore immersif.

Cet effet acoustique aurait pu être utilisé pour des cérémonies initiatiques ou rituelles. L'hypogée étant un site funéraire, certains suggèrent que ces résonances servaient à favoriser des états modifiés de conscience, où les participants pouvaient ressentir la présence des ancêtres ou entrer en contact avec des dimensions spirituelles. Cette hypothèse rejoint certaines pratiques chamaniques modernes où le son joue un rôle essentiel dans les expériences de transe et de méditation profonde.

Newgrange et les Échos du Solstice

Le tumulus de Newgrange, en Irlande, est l'un des monuments mégalithiques les plus impressionnants et les plus anciens d'Europe. Construit il y a plus de 5 000 ans, ce gigantesque monticule de pierre possède un couloir d'accès orienté de façon à capter la lumière du solstice d'hiver.

Les études menées sur son acoustique montrent que le tunnel de pierre agit comme un amplificateur naturel du son. Lorsque l'on parle à l'entrée du passage, les vibrations se propagent jusqu'à la chambre intérieure avec une clarté surprenante, sans perte d'intensité. Cette particularité pourrait indiquer que le site n'était pas seulement un observatoire astronomique, mais également un espace sonore dédié aux cérémonies rituelles.

Newgrange est également connu pour sa résonance interne. Certains sons, en particulier les fréquences basses émises par des tambours ou des voix masculines profondes, semblent se propager avec une intensité accrue, créant un effet d'écho qui enveloppe toute la structure. Ce phénomène rappelle celui observé dans l'hypogée de Malte et suggère que ces sites avaient été conçus pour exploiter les propriétés vibratoires du son à des fins rituelles et spirituelles.

L'Acoustique Cachée des Dolmens et des Cairns

Les dolmens, ces chambres de pierre recouvertes de dalles massives, sont souvent considérés comme de simples tombes mégalithiques. Pourtant, plusieurs études suggèrent qu'ils possèdent des caractéristiques acoustiques remarquables. Dans certaines de ces structures, l'effet de réverbération interne amplifie les sons produits à l'intérieur, donnant l'impression que les bruits se prolongent bien au-delà de leur émission.

Dans le cairn de Gavrinis, en Bretagne, les gravures qui ornent les parois semblent représenter des motifs en spirale qui pourraient être liés à des ondes sonores. Certains chercheurs estiment que ces symboles évoquent la propagation des vibrations dans l'espace, et que les bâtisseurs de ces sites avaient compris et exploité les effets de la résonance bien avant les civilisations modernes.

Une Connaissance Perdue du Son et de l'Architecture

Les études en archéo-acoustique montrent que les bâtisseurs mégalithiques ne se contentaient pas de construire des sanctuaires et des tombeaux, mais qu'ils concevaient des espaces où le son était un élément central. Ces architectures résonantes n'étaient pas de simples hasards, mais des réalisations qui témoignent d'une compréhension avancée de l'acoustique et de ses effets sur l'esprit humain.

Si nous ne savons pas encore comment ces savoirs ont été développés ni dans quelle mesure ils étaient exploités, leur omniprésence dans les sites mégalithiques à travers le monde suggère qu'une science oubliée du son était autrefois maîtrisée. En redécouvrant cette dimension sonore de l'architecture antique, nous pourrions non seulement mieux comprendre les civilisations du passé, mais aussi repenser notre propre rapport au son et à l'espace.

Les grottes de Barabar, explorées dans le chapitre suivant, vont encore plus loin dans cette maîtrise du son. Ces chambres de granit sculptées avec une précision défiant la logique se révèlent être de véritables résonateurs naturels, amplifiant des fréquences spécifiques de manière si élaborée que l'on ne peut plus parler de hasard.

Les Grottes de Barabar : Un Chef-d'Œuvre de l'Archéo-Acoustique et de la Précision Architecturale

Les grottes de Barabar, situées dans l'État du Bihar en Inde, sont parmi les plus anciennes structures creusées dans le granit et présentent des caractéristiques acoustiques et architecturales uniques. Ces cavités, attribuées au IIIe siècle avant notre ère sous le règne de l'empereur Ashoka, défient les connaissances conventionnelles sur les techniques de construction de l'époque. Ce qui intrigue le plus n'est pas seulement leur conception géométrique et leur polissage exceptionnel, mais leur capacité à manipuler les ondes sonores de manière inhabituelle, suggérant une maîtrise avancée de l'archéo-acoustique.

Un Mystère Architectural : Précision, Symétrie et Polissage Extrême

Les grottes de Barabar, notamment celles de Sudama, Lomas Rishi, Karan Chaupar et Vapiyaka, présentent une finition intérieure si lisse et réfléchissante qu'elles sont comparables à des surfaces en verre poli. Les mesures effectuées par BAM ont révélé un degré de planéité extrême avec des écarts inférieurs à quelques microns, une prouesse quasi impossible à réaliser avec les outils conventionnels supposés disponibles à l'époque.

La symétrie parfaite des volumes intérieurs est tout aussi étonnante. Les analyses 3D menées par la société AGP ont démontré que les parois sont inclinées de manière presque identique, avec des variations de seulement quelques dixièmes de degrés, et que certaines grottes, comme Gopika et Vapiyaka, présentent des formes coniques extrêmement précises. La disposition des arcs et des surfaces inclinées laisse penser que ces grottes n'ont pas été taillées au hasard, mais selon des principes géométriques et acoustiques avancés.

Un autre mystère réside dans les dimensions des grottes. Elles suivent des proportions mathématiques précises qui semblent intégrer des unités de mesure bien antérieures à la codification du mètre en 1795 en France. Les longueurs et hauteurs correspondent à des valeurs entières qui évoquent des connaissances sur la circonférence terrestre et sur des rapports géométriques complexes, suggérant que les bâtisseurs maîtrisaient des notions avancées de mesure.

L'Archéo-Acoustique des Grottes de Barabar : Une Conception Délibérée ?

Ce qui rend les grottes de Barabar si fascinantes, au-delà de leur précision géométrique, c'est leur capacité unique à manipuler le son. L'architecture de ces cavités génère des effets acoustiques qui ne peuvent être simplement dus au hasard. BAM a mené des études acoustiques approfondies pour comprendre comment ces grottes amplifient, résonnent et modifient les ondes sonores.

1. La Résonance et la Réverbération

Les murs en granit extrêmement denses réfléchissent presque intégralement les ondes sonores, créant une réverbération prolongée. Cette réverbération ne se limite pas à un simple écho : elle amplifie certains sons, en particulier ceux émis à des fréquences spécifiques. L'analyse modale réalisée sur la grotte de Gopika a mis en évidence des pics d'amplification allant jusqu'à +40 dB, ce qui est exceptionnel pour un espace clos de cette nature.

Les grottes répondent particulièrement bien aux basses fréquences, qui entrent en résonance et créent un effet immersif. Un son grave, comme un chant rituel, peut ainsi résonner dans toute la chambre et donner l'impression de provenir de toutes parts, un phénomène qui aurait pu être utilisé dans des cérémonies spirituelles.

2. Une Harmonie Sonore et Géométrique

Les dimensions précises des grottes influencent directement leur réponse acoustique. À titre d'exemple, la chambre de Sudama mesure 11,004 mètres de long, avec une voûte sphérique dont le rayon est de 3,002 mètres. Ces proportions ne semblent pas arbitraires, mais optimisées pour générer une amplification sonore ciblée. Les mesures de BAM ont également révélé que l'orientation des parois et la hauteur des voûtes permettent une distribution homogène des vibrations sonores, ce qui renforce l'hypothèse d'une conception acoustique intentionnelle.

La superposition de la moitié gauche sur la moitié droite de certaines chambres a montré que plus de 60 % des points se retrouvent à la même place avec une tolérance de ± 2,5 mm. Une telle précision est difficilement explicable sans une technologie de taille de pierre avancée.

3. Une Ingénierie Acoustique Ancestrale ?

Ces phénomènes soulèvent une question fondamentale : les bâtisseurs de Barabar avaient-ils une connaissance avancée de l'acoustique ou ont-ils découvert ces propriétés par empirisme ?

Certaines théories suggèrent que ces grottes ont été conçues pour des pratiques spirituelles basées sur le son. Dans plusieurs traditions bouddhistes et hindouistes, le chant des mantras et la récitation des prières sont associés à des vibrations censées influencer l'état de conscience. Il est possible que les grottes de Barabar aient été conçues pour amplifier ces effets, facilitant ainsi des expériences méditatives plus profondes.

Technologie Perdue ou Transmission de Savoirs ?

L'un des aspects les plus déroutants de ces grottes est l'absence totale de traces d'outils sur leurs surfaces polies. Si elles avaient été taillées avec des outils rudimentaires, on s'attendrait à voir des marques de burins ou de ciseaux à pierre. Or, ce n'est pas le cas. La finition semble avoir été obtenue avec une technique inconnue, dépassant de loin les capacités de l'époque.

D'autres éléments viennent appuyer cette hypothèse. Les mesures des surfaces des grottes montrent une précision qui rivalise avec les standards modernes de polissage industriel. De plus, les bâtisseurs ont manifestement utilisé des principes de géométrie avancée, combinant le mètre, la coudée égyptienne et le yard de Barabar pour structurer l'espace avec une exactitude millimétrique.

La possibilité que ces connaissances aient été héritées d'une tradition plus ancienne, aujourd'hui disparue, est une hypothèse qui mérite d'être explorée. L'archéologie conventionnelle peine à expliquer comment une telle prouesse a pu être réalisée avec les moyens disponibles au IIIe siècle avant notre ère.

Vers une Redécouverte de l'Archéo-Acoustique ?

Les études menées par BAM sur les grottes de Barabar ouvrent une nouvelle perspective sur l'utilisation du son dans l'architecture antique. Ces structures ne sont pas de simples abris ou ermitages rudimentaires : elles témoignent d'une maîtrise technique impressionnante qui défie notre compréhension actuelle de l'histoire.

Aujourd'hui, ces découvertes pourraient inspirer l'architecture moderne. La compréhension de la résonance et de la réverbération naturelles dans des espaces clos pourrait être appliquée à la conception d'auditoriums, de temples ou d'autres structures où l'acoustique joue un rôle clé.

Les grottes de Barabar nous rappellent que l'architecture ne se limite pas à la construction physique : elle intègre des dimensions invisibles, comme le son et l'énergie, qui enrichissent l'expérience humaine. Elles sont un témoignage fascinant d'une science oubliée, où la pierre et le son s'unissaient pour créer une expérience unique, à la croisée de l'ingénierie et de la spiritualité.

L'Archéo-Acoustique et la Science du Son : Une Technologie Ancienne pour la Coupe et le Levage des Pierres

L'archéo-acoustique ne se limite pas à l'exploration des effets sonores dans les temples, mégalithes et structures anciennes. Un pan encore plus mystérieux de cette science repose sur l'hypothèse que le son, en tant que phénomène vibratoire, aurait pu être utilisé comme un outil technologique pour la découpe et la manipulation des pierres dans l'Antiquité. Loin d'être une simple spéculation, cette idée est soutenue par plusieurs découvertes modernes en physique des ondes et en ingénierie acoustique. Certains textes anciens, les observations de monuments mégalithiques et des expériences scientifiques récentes laissent entrevoir une connaissance avancée du son et de la vibration comme moyen d'action sur la matière.

Mais une figure contemporaine alimente également ce mystère : Edward Leedskalnin, bâtisseur du Coral Castle en Floride. Cet homme énigmatique, autodidacte sans formation en ingénierie ni en architecture, a sculpté et déplacé seul des blocs de calcaire pesant plusieurs tonnes, sans l'aide de machines modernes. Jusqu'à sa mort en 1951, il a laissé planer le doute sur la technique qu'il aurait utilisée, affirmant avoir découvert les secrets des bâtisseurs antiques, notamment ceux des pyramides. Était-il le détenteur d'une connaissance perdue sur l'utilisation des vibrations et du son pour soulever des pierres massives ? Son travail renforce l'idée que certaines civilisations anciennes auraient pu exploiter des principes acoustiques pour accomplir leurs prouesses architecturales.

Les Anomalies des Pierres Mégalithiques : Une Technologie Inconnue ?

L'un des plus grands mystères de l'archéologie est la manière dont des blocs de pierre colossaux ont été extraits, taillés et déplacés avec une précision qui défie les capacités supposées des civilisations anciennes. Certains sites mégalithiques présentent des indices troublants qui laissent penser que les méthodes de construction utilisées ne reposaient pas uniquement sur des outils traditionnels en cuivre ou en bronze, mais sur des procédés bien plus sophistiqués.

En Égypte, le temple de Baalbek au Liban et ses blocs de plus de 1 000 tonnes, ou encore Puma Punku en Bolivie avec ses pierres taillées avec une précision micrométrique, soulèvent de nombreuses interrogations. Certaines carrières antiques, comme celle d'Assouan en Égypte, montrent des marques de découpe qui ne correspondent pas aux outils connus de l'époque.

Des traditions orales de plusieurs peuples évoquent l'utilisation du son ou des chants pour soulever et déplacer les pierres. Des récits incas, tibétains ou encore scandinaves font état de prêtres ou de sages utilisant des instruments sonores pour faire léviter des blocs massifs. Si ces histoires semblent fantaisistes à première vue, elles pourraient être le souvenir lointain d'une technique réelle aujourd'hui oubliée.

Les Travaux Scientifiques sur la Manipulation de la Matière par le Son

La science moderne a démontré que le son, en tant qu'onde vibratoire, peut exercer des forces physiques sur les objets. Plusieurs expériences ont mis en évidence la capacité des ondes sonores à influencer la matière, notamment grâce à la lévitation acoustique et à l'effet de cavitation ultrasonique.

1. La lévitation acoustique

Des études menées par la NASA et divers laboratoires de physique montrent qu'il est possible de faire léviter de petits objets à l'aide d'ondes sonores de haute intensité. Ce phénomène repose sur la création de nœuds stationnaires dans l'air, où la pression acoustique compense la force de gravité.

Si ce principe est observable à petite échelle aujourd'hui, il est envisageable que des civilisations anciennes aient découvert un moyen d'amplifier ce phénomène pour des objets bien plus massifs. Certains chercheurs comme Bruce Cathie et David Hatcher Childress suggèrent que les peuples antiques pourraient avoir utilisé des systèmes résonants pour neutraliser partiellement la pesanteur des mégalithes et ainsi les transporter avec une facilité apparente.

2. L'effet de cavitation ultrasonique : le son pour découper la pierre

Un autre phénomène qui interroge est la capacité des ondes sonores à fragmenter des matériaux solides. L'effet de cavitation acoustique, largement étudié dans le domaine de la physique des fluides et des ultrasons, montre que les ondes de haute fréquence peuvent provoquer l'éclatement de la matière. Ce principe est aujourd'hui utilisé dans l'industrie pour le nettoyage ultrasonique ou même pour découper des matériaux résistants.

Certaines expériences menées en laboratoire ont prouvé que des ondes acoustiques focalisées pouvaient générer des micro-fractures dans des matériaux solides, facilitant ainsi leur découpe ou leur destruction. Si une technologie ancienne était parvenue à concentrer ces effets sur des blocs de pierre, cela expliquerait la finesse de certaines gravures et la précision de certaines coupes observées sur des sites mégalithiques.

L'Énigme Edward Leedskalnin et le Coral Castle

Edward Leedskalnin a construit Coral Castle entre 1923 et 1951 en Floride, en manipulant et en sculptant plus de 1 100 tonnes de roche calcaire, sans utiliser d'engins lourds ni d'aide extérieure. Des témoins affirment qu'il travaillait uniquement de nuit et qu'il affirmait avoir percé le secret des bâtisseurs des pyramides.

Ses écrits, notamment *Magnetic Current*, laissent entendre qu'il aurait utilisé des principes électromagnétiques ou vibratoires pour déplacer ces blocs. Il a lui-même déclaré : « J'ai découvert les secrets des pyramides. » Si cette affirmation reste énigmatique, plusieurs chercheurs ont tenté de comprendre la technique qu'il aurait pu employer.

L'une des hypothèses est qu'il aurait pu utiliser des vibrations spécifiques pour réduire le poids apparent des blocs de pierre, facilitant ainsi leur manipulation. Cette théorie rejoint les récits anciens décrivant l'utilisation du son pour le transport des mégalithes.

Expériences et Hypothèses sur une Technologie Perdue

Dans les années 1930, un ingénieur suédois, Henry Kjellson, rapporta des récits tibétains selon lesquels des moines étaient capables de déplacer d'énormes blocs de pierre à l'aide de sons produits par des instruments et des voix.

Dans les années 1980, l'ingénieur britannique John Reid a mené des études sur l'acoustique des temples égyptiens et constaté que certaines chambres, comme celles de la pyramide de Khéops, amplifiaient certaines fréquences spécifiques.

Plus récemment, des chercheurs comme Steven Halpern et Paul Devereux ont étudié comment certaines fréquences sonores interagissent avec les structures antiques. Ils ont découvert que certains sites, comme Newgrange en Irlande, étaient conçus pour résonner à des fréquences précises qui pourraient avoir eu des applications techniques au-delà des simples rituels spirituels.

Conclusion : Une Connaissance Perdue au Cœur de l'Archéo-Acoustique

Loin d'être un simple outil cérémoniel, le son pourrait avoir été une technologie avancée de découpe et de levage dans l'Antiquité. Les indices trouvés sur plusieurs sites mégalithiques à travers le monde, combinés aux avancées modernes dans la science acoustique, suggèrent que les bâtisseurs du passé avaient compris des principes que nous redécouvrons à peine aujourd'hui.

Si nous parvenons à percer ce mystère, cela pourrait bouleverser notre compréhension des civilisations anciennes. Ce savoir perdu, dissimulé derrière les pierres et les vibrations, pourrait bien être la clé de certains des plus grands mystères de l'archéologie. Edward Leedskalnin aurait-il réellement percé le secret des anciens ? Son travail au Coral Castle pourrait être la preuve que ces connaissances n'ont jamais totalement disparu, mais qu'elles attendent d'être redécouvertes.

Chapitre 14 : Les Cathédrales et la Science du Son

La Science du Son et les Cathédrales : Une Symphonie de Pierre, de Lumière et d'Acoustique Sacrée

L'archéo-acoustique ne se limite pas aux structures mégalithiques ou aux temples antiques. Une autre manifestation fascinante de la relation entre le son, l'architecture et la spiritualité se trouve dans les cathédrales gothiques. Ces monuments de pierre ne sont pas seulement des chefs-d'œuvre d'ingénierie médiévale, mais aussi de véritables instruments acoustiques et énergétiques où la science du son, la lumière et la géométrie sacrée se combinent de manière subtile.

Les travaux de chercheurs comme Robert Jahn et Paul Devereux, pionniers de l'étude des phénomènes acoustiques dans les sites anciens, ont démontré que certaines structures architecturales amplifient et modulent naturellement le son. Dans les cathédrales, ces principes semblent avoir été exploités avec une précision remarquable, notamment en ce qui concerne la disposition des nefs, les formes des voûtes, l'alignement des rosaces et l'usage des vitraux.

L'Acoustique des Cathédrales : Une Conception Sonore Maîtrisée

Les cathédrales gothiques ont été conçues pour produire des effets sonores spécifiques qui participent à l'expérience spirituelle des fidèles. Contrairement aux églises romanes, plus basses et massives, l'architecture gothique repose sur une verticalité accentuée, des voûtes en ogive et des espaces ouverts qui permettent une réverbération prolongée du son.

1. La Réverbération et l'Immersion Sonore

Les nefs des cathédrales possèdent une réverbération longue et homogène, qui peut atteindre 8 à 10 secondes dans certains édifices comme Notre-Dame de Paris ou Chartres. Cette caractéristique acoustique enveloppe les chants et les prières, leur donnant une ampleur presque surnaturelle. La musique sacrée, en particulier le chant grégorien, est intimement liée à cette réverbération, qui renforce l'effet méditatif et contemplatif des cérémonies.

Les chercheurs en acoustique, tels que Jürgen Meyer, ont démontré que les voûtes et les piliers des cathédrales fonctionnent comme des résonateurs naturels. L'architecture est en quelque sorte un amplificateur sonore, où les fréquences graves sont accentuées et où les harmoniques des voix chantées se prolongent dans l'espace.

2. L'Alignement des Rosaces et des Vitraux : Un Lien entre Son et Lumière

Une autre particularité des cathédrales est leur relation étroite entre l'acoustique et la lumière, notamment à travers les rosaces et les vitraux. Ces éléments architecturaux, bien plus que de simples ornements, jouent un rôle dans l'interaction entre les vibrations sonores et les fréquences lumineuses.

Les rosaces, souvent alignées sur des axes solaires précis, sont structurées selon des motifs qui rappellent les figures de Chladni, ces dessins formés par les vibrations d'une plaque soumise à des ondes sonores. Certains chercheurs, comme John Stuart Reid, ont exploré la possibilité que les bâtisseurs des cathédrales aient cherché à matérialiser dans la pierre des principes acoustiques et vibratoires universels.

Les vitraux, quant à eux, filtrent la lumière selon des fréquences précises, projetant dans l'espace des couleurs qui pourraient avoir une interaction avec les vibrations sonores. Des études modernes en chromothérapie et en physique des ondes montrent que certaines fréquences lumineuses peuvent influencer la perception du son, renforçant ainsi l'expérience sensorielle des fidèles.

3. La Géométrie Sacrée et la Résonance des Cathédrales

La géométrie des cathédrales ne repose pas uniquement sur des considérations esthétiques ou structurelles. Des chercheurs comme Keith Critchlow et Nassim Haramein ont mis en évidence que la proportion des nefs, des transepts et des voûtes respecte des rapports mathématiques précis, notamment le nombre d'or (1,618) et la suite de Fibonacci.

Ces proportions ne sont pas anodines : elles influencent directement la propagation des ondes sonores à l'intérieur de l'édifice. Une cathédrale construite selon ces règles mathématiques favorise une harmonisation des fréquences sonores, créant une résonance naturelle qui magnifie la musique et la parole.

Les Expériences et Études Modernes sur l'Acoustique des Cathédrales

Plusieurs recherches récentes ont permis d'approfondir la compréhension de l'archéo-acoustique des cathédrales gothiques.

1. Les Études de l'Université d'Oxford et de l'IRCAM

En 2017, une équipe de chercheurs de l'Université d'Oxford et de l'Institut de Recherche et Coordination Acoustique/Musique (IRCAM) a étudié l'acoustique de plusieurs cathédrales européennes, notamment Chartres, Amiens et Reims. Grâce à des modélisations 3D et des enregistrements de haute précision, ils ont confirmé que l'architecture gothique favorise une amplification spécifique des basses et des médiums, créant un effet sonore unique.

2. L'Expérience de John Stuart Reid et la Cymatique

Le physicien John Stuart Reid, connu pour ses recherches sur la cymatique, a démontré que certaines fréquences produites dans les cathédrales génèrent des motifs géométriques harmonieux, visibles lorsqu'un substrat comme de l'eau ou du sable est soumis aux vibrations. Ces motifs rappellent étrangement les structures des rosaces et des vitraux, suggérant que ces éléments architecturaux ont été conçus pour amplifier une certaine résonance sacrée.

3. L'Expérience de l'INA-GRM sur la Perception Sonore

L'Institut National de l'Audiovisuel – Groupe de Recherches Musicales (INA-GRM) a étudié l'impact des résonances acoustiques des cathédrales sur le cerveau humain. Leurs résultats montrent que les longues réverbérations et les fréquences amplifiées dans ces édifices induisent un état de relaxation profonde, voire de transe légère, similaire aux effets des mantras dans les traditions orientales.

Vers une Redécouverte de la Science du Son dans l'Architecture Sacrée ?

Les cathédrales gothiques sont bien plus que des édifices religieux : elles sont des chefs-d'œuvre acoustiques, où la résonance, la lumière et la géométrie créent une expérience immersive unique. Les recherches récentes en archéo-acoustique suggèrent que les bâtisseurs médiévaux avaient une compréhension empirique avancée de la propagation du son et de son interaction avec l'espace et la lumière.

Si nous parvenons à redécouvrir et à comprendre ces principes oubliés, cela pourrait révolutionner non seulement notre perception du patrimoine architectural, mais aussi nos conceptions modernes de l'architecture, du bien-être sonore et de l'harmonie vibratoire dans les espaces de vie contemporains.

Les bâtisseurs des cathédrales gothiques auraient-ils hérité d'un savoir ancien, transmis à travers les âges et peut-être remontant aux temples de l'Égypte antique ou aux mégalithes européens ? La science du son appliquée à l'architecture n'est peut-être pas une invention moderne, mais une redécouverte progressive d'une connaissance ancestrale enfouie dans la pierre et le verre.

Un Parallèle avec Edward Leedskalnin et le Coral Castle

Pour comprendre comment les anciens bâtisseurs auraient pu utiliser l'énergie acoustique et électromagnétique pour manipuler d'énormes blocs de pierre, on peut observer l'exemple fascinant d'Edward Leedskalnin, un mystérieux inventeur letton ayant construit, seul et sans outils modernes, le célèbre Coral Castle en Floride.

Leedskalnin, qui prétendait avoir découvert "les secrets des bâtisseurs des pyramides", a déplacé et assemblé des blocs de calcaire de plusieurs tonnes avec une facilité déconcertante. Il n'a jamais révélé son procédé, mais certains témoins ont rapporté l'avoir vu utiliser des dispositifs de résonance et des champs magnétiques. Il aurait exploité des principes encore inconnus du grand public, utilisant des vibrations spécifiques pour alléger les pierres ou les déplacer avec une force réduite.

Bien que son cas reste un mystère, il montre que la manipulation des matériaux par des techniques non conventionnelles est possible, et laisse entrevoir la possibilité que des civilisations anciennes aient pu maîtriser des principes similaires à une échelle bien plus grande.

Conclusion : Vers une Redéfinition de l'Ingénierie Ancienne ?

Les récentes découvertes sur la Grande Pyramide de Khéops montrent que ce monument possède des propriétés bien plus complexes qu'on ne le pensait auparavant. La capacité de la pyramide à concentrer l'énergie électromagnétique, couplée à ses étonnantes propriétés acoustiques, suggère une ingénierie avancée qui ne peut pas être simplement attribuée au hasard.

Si Christopher Dunn et d'autres chercheurs en archéologie alternative ont vu juste, alors la Grande Pyramide pourrait être bien plus qu'un mausolée : elle pourrait être l'héritage d'une science oubliée, une technologie sophistiquée exploitant l'énergie terrestre et cosmique. La découverte de telles caractéristiques dans d'autres structures antiques, de Stonehenge aux temples précolombiens, nous invite à repenser l'histoire des connaissances humaines.

Se pourrait-il que nos ancêtres aient exploité l'énergie sous une forme que nous ne comprenons pas encore ? Et si, au lieu d'être de simples spectateurs du cosmos, ils en avaient été des manipulateurs habiles, utilisant la fréquence, la résonance et l'électromagnétisme bien avant que la science moderne ne redécouvre ces principes ?

Ces questions restent ouvertes, et les recherches futures pourraient bien révéler des secrets encore plus stupéfiants sur l'héritage technologique des civilisations anciennes.

Une Archéologie Encore Balbutiante : Yonaguni et les Mystères de l'Archéologie Submergée

L'archéologie, bien que fondée sur des méthodes scientifiques rigoureuses, demeure une discipline encore jeune et incomplète. Aujourd'hui, la majorité des sites antiques connus se trouvent sur la terre ferme, mais qu'en est-il des civilisations ayant prospéré avant les grandes montées des eaux qui ont suivi la dernière période glaciaire ? Si l'on considère que le niveau des océans était environ 120 mètres plus bas il y a 12 000 ans, de vastes portions de territoires habités ont été submergées, rendant inaccessibles de potentiels vestiges de sociétés disparues.

Les fonds marins pourraient ainsi receler des traces de civilisations perdues, mais l'archéologie sous-marine reste encore largement sous-exploitée. Moins de 5 % des océans ont été explorés avec des technologies modernes, et les investigations archéologiques en eaux profondes ne concernent qu'une infime fraction de ce qui pourrait être découvert. L'un des cas les plus fascinants de cette archéologie sous-marine émergente est sans doute celui du site de Yonaguni, un ensemble de structures massives retrouvées au large du Japon, dont la nature – naturelle ou artificielle – fait encore débat.

La Découverte d'un Mystère Englouti

C'est en 1986 que le plongeur japonais Kihachiro Aratake, explorant les fonds marins près de l'île de Yonaguni, située à l'extrême sud du Japon, fit une découverte stupéfiante. À environ 25 mètres sous la surface, il observa une structure massive aux formes géométriques frappantes : des terrasses superposées, des plateformes gigantesques, des escaliers et même des couloirs semblant délimiter un espace organisé.

Dès lors, la question se posa immédiatement : s'agissait-il d'un phénomène naturel ou des vestiges d'une civilisation perdue ? L'archéologue japonais Masaaki Kimura, qui examina le site pendant plus de quinze ans, avança l'hypothèse que Yonaguni était une construction humaine submergée il y a environ 10 000 ans, lors de la montée des océans à la fin de la dernière ère glaciaire. Cette datation ferait de Yonaguni l'un des plus anciens sites archéologiques connus, bien antérieur aux grandes civilisations de Mésopotamie ou d'Égypte.

Toutefois, la communauté scientifique est divisée. Certains géologues estiment que le site résulte d'une formation naturelle façonnée par des mouvements tectoniques et l'érosion. Pourtant, plusieurs éléments troublants plaident en faveur d'une intervention humaine.

Une Civilisation Engloutie ?

Si Yonaguni est bien d'origine humaine, cela signifierait qu'une civilisation avancée existait au Japon à une époque où l'humanité était supposée vivre de chasse et de cueillette, bien avant l'essor des premières cités connues.

Des indices archéologiques indépendants renforcent cette hypothèse. On sait aujourd'hui que plusieurs cultures protohistoriques du Japon, comme celle de Jomon, produisaient déjà des poteries sophistiquées dès 14 000 av. J.-C., bien avant que l'agriculture ne se généralise. Des restes de villages côtiers submergés ont également été retrouvés ailleurs dans la région, indiquant que des sociétés s'étaient installées sur des terres désormais englouties.

Mais une question demeure : qui étaient les bâtisseurs de Yonaguni, et pourquoi leur existence a-t-elle disparu des archives de l'histoire ?

Un Débat Toujours Ouvert

Malgré les observations troublantes, la reconnaissance de Yonaguni comme site archéologique reste controversée. Les géologues sceptiques avancent plusieurs arguments, notamment l'hypothèse de l'érosion naturelle, expliquant que les formes rectilignes du site sont le résultat de la fracturation naturelle du grès, qui tend à se casser en angles droits sous l'effet de l'érosion et des séismes fréquents dans la région.

Un autre point soulevé est l'absence de preuves directes. Aucun artefact clairement humain, comme des poteries, des outils ou des inscriptions, n'a été retrouvé sur place. Cela ne prouve cependant pas que le site est purement naturel, mais seulement qu'il manque encore d'études approfondies avec des technologies modernes comme le LIDAR sous-marin ou l'analyse géophysique poussée.

Cependant, ces arguments ne suffisent pas à invalider l'idée d'une construction humaine. Plusieurs structures antiques sur terre ont d'abord été considérées comme naturelles avant d'être reconnues comme artificielles après des décennies d'études plus approfondies.

Une Réécriture de l'Histoire en Marche ?

Si Yonaguni venait à être confirmé comme un site construit par une ancienne civilisation, cela impliquerait une remise en question majeure de la chronologie de l'histoire humaine. Il faudrait alors admettre que des sociétés avancées existaient avant les grandes civilisations reconnues, et qu'elles ont peut-être été anéanties par les bouleversements climatiques de la fin de l'ère glaciaire.

Cela ouvrirait également la porte à d'autres recherches sous-marines. Si une telle structure a été découverte par hasard, combien d'autres gisent encore sous les océans, intactes et oubliées ? Avec les avancées technologiques en imagerie sous-marine, il est probable que de nouveaux sites émergeront dans les années à venir, redessinant la carte de notre passé.

Vers une Archéologie du Futur

L'histoire officielle n'est pas figée, elle évolue au gré des découvertes et des remises en question. Yonaguni est un exemple fascinant des limites actuelles de l'archéologie : par manque de moyens, de volonté académique ou par simple conservatisme, des sites extraordinaires peuvent être ignorés ou minimisés.

Loin d'être une exception, Yonaguni pourrait être le premier jalon d'une archéologie sous-marine encore balbutiante, prête à dévoiler les vestiges de civilisations oubliées. Car si nous n'avons exploré que 5 % des fonds marins, qui peut dire ce que les profondeurs nous réservent encore ?

Conclusion : L'Histoire à Réécrire, ou à Réécouter ?

Et si les pierres parlaient encore ? Si derrière leur silence apparent, elles murmuraient une histoire oubliée, trop ancienne, trop dérangeante pour entrer dans les récits approuvés ? Après avoir parcouru les chapitres de ce livre, un constat s'impose : le récit de notre passé est loin d'être complet. Pire encore, il est peut-être profondément biaisé.

Göbekli Tepe, les Moaïs de l'île de Pâques, les pyramides de Gizeh, les mégalithes de Sacsayhuamán, les cavités de Barabar, les cathédrales gothiques, les structures englouties comme Yonaguni... tous ces sites défient la narration historique linéaire et rassurante dans laquelle l'homme serait passé progressivement du silex à la silicon valley.

Or, ces structures n'ont pas été bâties par des « peuples primitifs », mais par des civilisations dont les connaissances, les intentions, et peut-être même la conscience, nous échappent encore. Une chose est sûre : ces peuples savaient. Ils savaient tailler et déplacer des blocs de plusieurs dizaines de tonnes avec une précision inouïe. Ils savaient aligner leurs monuments avec les étoiles, suivre les équinoxes et les solstices, amplifier des sons avec la pierre brute, transformer des cavités en chambres de résonance. Ils maîtrisaient le ciel, la géométrie, l'acoustique et, peut-être, des formes d'énergie que nous ne comprenons pas encore.

L'idée selon laquelle « ce n'est pas possible, donc ce n'est pas » n'est pas scientifique — c'est un dogme. Et l'archéologie, aussi noble soit-elle, n'échappe pas aux tentations de la certitude. Pourtant, ce n'est pas la remise en question qui est subversive, c'est l'aveuglement. Une démarche vraiment scientifique ne devrait pas rejeter les anomalies, mais s'en nourrir.

Les ruines du savoir

Ce livre n'a pas cherché à démontrer une théorie unique, ni à imposer une vision alternative. Il a voulu questionner les fondements. Il a voulu montrer que des faits — parfois dérangeants, toujours fascinants — appellent une réévaluation du passé. Il a voulu mettre en lumière les contradictions flagrantes du discours officiel : comment expliquer la présence de monuments cyclopéens dans des périodes supposées pré-technologiques ? Comment justifier l'extrême précision géométrique, astronomique ou sonore dans des civilisations censées ne connaître que l'argile ou l'outil rudimentaire ? Comment accepter que ces peuples aient construit des temples alignés avec Sirius, Orion ou la Voie lactée sans maîtriser une science du ciel aujourd'hui considérée comme moderne ?

Le problème n'est pas l'ignorance. Le problème, c'est de refuser de voir que ce que l'on ignore est parfois plus vaste que ce que l'on croit savoir.

La complexité de l'histoire humaine est peut-être comparable à un gigantesque palimpseste : des couches de mémoire effacées, des civilisations disparues, des savoirs refoulés, sur lesquels se sont construites les sociétés modernes. Ce que nous appelons aujourd'hui « mythes » — le Déluge, l'Atlantide, les âges d'or — sont peut-être les bribes de souvenirs transmis à travers les millénaires, codés dans les pierres, les chants, les rites.

L'âge d'or oublié : et si tout ne faisait que recommencer ?

Si l'on accepte l'hypothèse d'un effondrement civilisationnel majeur — comme celui du Dryas Récent — alors il devient envisageable qu'une grande culture ait existé, puis disparu dans un cataclysme naturel ou artificiel, laissant derrière elle quelques monuments survivants, et une mémoire déformée devenue légende. Des êtres humains avancés auraient pu transmettre un héritage symbolique, spirituel et technique à des peuples plus récents, qui, eux, seraient entrés dans l'Histoire « officielle ».

Cette idée, souvent ridiculisée, est pourtant cohérente avec une observation fondamentale : il n'existe pas de progression linéaire et continue dans l'histoire humaine. Il y a des bonds, des césures, des pertes, des oublis. Le Moyen Âge a perdu une grande part des savoirs antiques. L'Amérique précolombienne a vu ses connaissances anéanties en quelques décennies. Pourquoi en aurait-il été autrement dans la haute Antiquité, voire avant elle ?

Ce livre ne prétend pas prouver qu'une civilisation mère, mythique ou extraterrestre, a tout bâti. Mais il appelle à considérer sérieusement l'existence de savoirs oubliés. Il pose une question simple, mais essentielle : si certaines civilisations anciennes avaient atteint un haut niveau de développement, comment le saurions-nous, si nous ne savons pas regarder autrement ?

Le défi du XXIe siècle : une science ouverte, non une croyance

Le XXe siècle a été celui de l'archéologie positiviste. Le XXIe doit être celui de l'archéologie transdisciplinaire. Il est temps d'intégrer les géologues, les ingénieurs, les physiciens, les acousticiens, les astronomes et les anthropologues dans la recherche archéologique. Il est temps d'écouter les voix discordantes, de reconsidérer les traditions orales, les légendes, les symboles comme autant de pistes d'investigation.

Nous avons désormais des satellites capables de cartographier les reliefs enfouis, des particules cosmiques pour scanner les pyramides, des algorithmes pour reconstituer le climat d'il y a 20 000 ans. La technologie est prête. Reste à savoir si notre mentalité l'est aussi.

Ce livre appelle à une nouvelle exploration, celle de notre propre mémoire. Il nous invite à redevenir curieux, à ne pas avoir peur d'interroger les certitudes transmises, à regarder les pierres avec de nouveaux yeux — pas ceux de la nostalgie, mais ceux de la vérité.

Car la vérité est peut-être là, enfouie sous les sables de Gizeh, dans les cercles de pierre de Turquie, ou dans les abysses du Pacifique. Ou peut-être est-elle en nous, dans ce pressentiment que l'histoire de l'humanité ne commence pas à Sumer, mais bien plus tôt, dans une nuit des temps que nous avons oubliée.

Nous ne savons pas tout. Nous avons oublié beaucoup. Mais nous pouvons encore chercher.

Les bâtisseurs de l'impossible ne nous ont pas seulement laissé des ruines. Ils nous ont légué un défi. Celui de comprendre. Celui d'écouter. Celui de ne pas réduire leur œuvre à de simples pierres, mais d'y voir un message, un appel à dépasser nos limites.

Il ne tient qu'à nous d'y répondre.

www.ingramcontent.com/pod-product-compliance
Ingram Content Group UK Ltd.
Pitfield, Milton Keynes, MK11 3LW, UK
UKHW060405300726
14090UKWH00006B/437

9791097674601